隧道及地下工程工序质量管理标准化图集

中铁隧道局集团有限公司 编

人民交通出版社股份有限公司
China Communications Press Co.,Ltd.

内 容 提 要

本书以现场直观的施工照片为参照,形成工序、工艺质量的参考标准,同时给出每道工序的关键卡控要点,使现场施工人员和管理人员能够准确把握其关键环节。本书共分七章,依次是:通用部分、隧道工程、明挖工程、盾构隧道、顶管施工、沉管施工、路基及高边坡防护。各章节侧重施工工序现场标准化图片的直观展示,质量控制要点则列出在每一工序应关注的重点把控要求。

本书适用于施工现场作业人员进行模块化交底,也可供现场施工管理人员进行高效地检查、管理。

图书在版编目(CIP)数据

隧道及地下工程工序质量管理标准化图集 / 中铁隧道局集团有限公司编 . — 北京:人民交通出版社股份有限公司,2017.11
ISBN 978-7-114-13907-9

Ⅰ.①隧… Ⅱ.①中… Ⅲ.①隧道工程—工程施工—工序质量—质量管理—图集②地下工程—工程施工—工序质量—质量管理—图集 Ⅳ.① U458.1-64 ② TU94-64

中国版本图书馆 CIP 数据核字(2017)第 128944 号

书　　名	:隧道及地下工程工序质量管理标准化图集
著 作 者	:中铁隧道局集团有限公司
责任编辑	:王　霞　李　娜
出版发行	:人民交通出版社股份有限公司
地　　址	:(100011)北京市朝阳区安定门外外馆斜街 3 号
网　　址	:http://www.ccpress.com.cn
销售电话	:(010)59757973
总 经 销	:人民交通出版社股份有限公司发行部
经　　销	:各地新华书店
印　　刷	:北京盛通印刷股份有限公司
开　　本	:880×1230　1/16
印　　张	:15.75
版　　次	:2017 年 11 月　第 1 版
印　　次	:2017 年 11 月　第 1 次印刷
书　　号	:ISBN 978-7-114-13907-9
定　　价	:90.00 元

(有印刷、装订质量问题的图书由本公司负责调换)

隧道及地下工程工序质量管理标准化图集 编审委员会

主　任： 唐　忠

副主任： 范国文

主　编： 潘明亮

副主编： 韩占波　贺善宁

编　委（排名不分先后）：

任伟杰　叶康慨　王　毅　陈海锋　李汉军　黄学军　翟志国

杨艳玲　李丰果　张　志　林海彬　莫智彪　谭明旭　贾喜涛

李正涛　邓建林　唐海斌　张耀东　何建华　丛立刚

审　稿（排名不分先后）：

石家志　谢成涛　胡　斌　任昌真　赵建新　吕国岭　王立军

吴显金　何礼革　彭再勇　李志军　王　力　赵宏营　时思鹏

马　烨　曹　敏　柴富奇　靳柒勤　邝国统　唐绍伟　那志伟

序 PREFACE

  随着我国工程建设的迅猛发展，交通工程取得了举世瞩目的成就，但是随之带来的一些工程质量问题也引起了社会各界的高度重视。近几年国家对工程建设项目也加大了管理力度，从政府监督、行业监管、设计、施工、监理等各环节采取了相应措施，但是这些措施的落脚点还是在工序质量的管控，可谓"行远必自迩，登高必自卑"，任何工程的成败必须从基本单元做起，从每一道工序质量的把控做起，从每个工艺细节的管控做起，方能万丈高楼平地起。

  为做好工序质量的管控，集团公司也从多方面进行了探索实践，制定了质量管理办法、安全质量稽查办法、工序实名制、工程质量卡控红线等一系列改进质量管理的文件和措施，也开展了一系列诸如现场质量观摩会形式的质量活动，取得了一定成效。但工序质量的管理在施工规范和管理制度文件中往往是以文字和图表的形式来表达，对现场的管理人员和施工人员来说缺乏直观性和具体性。现场质量观摩会对参会人员可能会产生短时间内的视觉冲击和管理冲动，难以形成质量管理的长效机制，且其覆盖面总体来讲毕竟有限。

  鉴于此，编委会根据近年出现的质量通病和一些好的做法，总结正反两方面的经验，历时半年，从几万张图片中筛选出了1000余张现场标准化施工的图片，编制了《隧道及地下工程工序质量管理标准化图集》，旨在以现场直观的施工照片为参照，形成工序、工艺质量的参考标准，明确每道工序的关键卡控要点，使现场施工人员和管理人员能够准确把握其关键环节。我相信本图集的编制完成，必将会使参与质量管理的各级人员从中受益，也会对现场质量活动起到积极的推进作用，从而使工程质量在过程中始终处于受控状态，实现工程质量管理的标准化、常态化。

中铁隧道局集团有限公司总经理 唐忠

2017年5月1日

编制说明 MANUAL

为切实落实工序质量标准化，健全安全质量管理长效机制，提高安全质量管理水平和执法效能，根据国家及行业发布的有关工程安全质量的法律法规和规范性文件及集团公司标准化管理要求，结合公司实际情况编制《隧道及地下工程工序质量管理标准化图集》。

工序质量管理标准化图集的定位，一是对施工现场作业人员进行模块化交底，使其准确把握工序或工艺交底中质量控制的要点；二是给予现场管理人员直观的检查方法，提高检查效率和效果；三是介绍目前一些成熟的新技术、新工艺和新设备，进行推广应用，给现场质量管理提供导向和思路。

本图集共分7章，依次是：通用部分、隧道工程、明挖工程、盾构隧道、顶管施工、沉管施工、路基及高边坡防护。各章节侧重施工工序现场标准化图片的直观展示，质量控制要点则列出在每一工序中应关注的重点把控要求。

图集编制过程中，得到各编委的大力支持，对于他们提供了良好的素材，在此表示感谢。由于时间仓促及篇幅所限，收集的部分工序质量照片不佳，图集中所展示的工序也不能覆盖集团公司在建工程的全部工序，我们将在后续的修订中再予以完善，敬请谅解。

本书编委会
2017年5月

编制依据 COMPILATION BASIS

1. 《混凝土结构工程施工规范》（GB 50666—2011）
2. 《混凝土结构工程施工质量验收规范》（GB 50204—2015）
3. 《建筑地基基础工程质量验收规范》（GB 50202—2016）
4. 《地下防水工程施工验收规范》（GB 50208—2011）
5. 《建筑地基基础设计规范》（GB 50007—2011）
6. 《盾构法隧道施工与验收规范》（GB 50446—2008）
7. 《城市轨道交通工程测量规范》（GB 50308—2008）
8. 《地下铁道工程施工及验收规范》（2003年版）（GB 50299—1999）
9. 《钢筋焊接及验收规范》（JGJ 18—2012）
10. 《钢筋机械连接通用技术规程》（JGJ 107—2016）
11. 《钢筋剥肋滚压直螺纹连接技术规程》（JGJ 107—2010）
12. 《建筑基坑支护技术规程》（JGJ 120—2012）
13. 《建筑地基处理技术规范》（JGJ 79—2012）
14. 《建筑基桩检测技术规范》（JGJ 106—2014）
15. 《铁路混凝土工程施工技术指南》（铁建设〔2010〕241号）
16. 《高速铁路路基工程施工技术指南》（铁建设〔2010〕241号）
17. 《高速铁路桥梁工程施工技术指南》（铁建设〔2010〕241号）
18. 《高速铁路隧道工程施工技术指南》（铁建设〔2010〕241号）
19. 《危险性较大的分部　分项工程安全管理办法》（建质〔2008〕87号）
20. 《关于进一步明确软弱围岩及不良地质铁路隧道设计施工有关技术规定的通知》（铁建设〔2010〕120号）

目录 CONTENTS

第1章 通用部分

- 1.1 原材料进场验收 ········· 002
  - 1.1.1 资料检验 ········· 002
  - 1.1.2 现场检查 ········· 004
  - 1.1.3 试验取样 ········· 006
- 1.2 材料存放 ········· 007
- 1.3 钢筋工程 ········· 009
  - 1.3.1 钢筋加工 ········· 009
  - 1.3.2 钢筋安装 ········· 010
  - 1.3.3 钢筋验收 ········· 011
  - 1.3.4 钢筋接头 ········· 012
- 1.4 模板及支架 ········· 015
  - 1.4.1 模板及支架设计 ········· 015
  - 1.4.2 模板支架安装与验收 ········· 016
- 1.5 混凝土施工 ········· 017
  - 1.5.1 混凝土浇筑 ········· 017
  - 1.5.2 收面与养护 ········· 018
  - 1.5.3 混凝土试验 ········· 019
  - 1.5.4 混凝土施工缝处理 ········· 020
- 1.6 加工厂 ········· 021
  - 1.6.1 加工布置及场容 ········· 021
  - 1.6.2 加工机械 ········· 022
  - 1.6.3 钢拱架加工 ········· 024
  - 1.6.4 超前小导管加工 ········· 025
  - 1.6.5 钢筋网片加工 ········· 026
  - 1.6.6 钢筋笼加工 ········· 027
- 1.7 拌和站 ········· 028
- 1.8 桩及地连墙施工 ········· 030
  - 1.8.1 成桩方式 ········· 030
  - 1.8.2 成孔施工 ········· 033
  - 1.8.3 成槽施工 ········· 034
  - 1.8.4 成孔验收 ········· 037
  - 1.8.5 钢筋笼吊装 ········· 038

1.8.6		水下混凝土灌注	039
1.8.7		桩头破除	040
1.8.8		桩身检测	041
1.9	**监控量测**		**044**
1.9.1		通用要求	044
1.9.2		确定监测控制值	045
1.9.3		测点埋设	046
1.9.4		监测实施	047
1.9.5		监测反馈及响应	048

第2章　隧道工程

2.1	洞门		050
	2.1.1	洞门形式	050
	2.1.2	进洞方式	051
	2.1.3	洞门边仰坡防护	055
2.2	隧道开挖		057
	2.2.1	硬岩开挖	057
	2.2.2	软岩开挖	060
	2.2.3	施工步距要求	063
2.3	超前支护		064
	2.3.1	洞外超前管棚	064
	2.3.2	洞内超前管棚	066
	2.3.3	超前小导管	067
	2.3.4	帷幕注浆	068
2.4	初期支护		070
	2.4.1	锚杆	070
	2.4.2	钢架	073
	2.4.3	喷射混凝土	075
2.5	防水施工		077
	2.5.1	防水施工准备	077
	2.5.2	防水施工	078
	2.5.3	防水施工机具	080
	2.5.4	止水带连接	081
	2.5.5	止水带安装	084
	2.5.6	施工缝凿毛与清理	089
2.6	仰拱与填充施工		090
	2.6.1	隧底开挖	090
	2.6.2	仰拱钢筋	091
	2.6.3	仰拱模板	092
	2.6.4	混凝土浇筑	093
2.7	衬砌施工		095
	2.7.1	衬砌台车	095
	2.7.2	衬砌钢筋	096
	2.7.3	混凝土浇筑	097
	2.7.4	衬砌混凝土养护	099
	2.7.5	衬砌混凝土实体检测	100
2.8	衬砌背后空洞预防及检测治理		101
2.9	边水沟施工		103
2.10	弃渣场		105
	2.10.1	手续依法合规	105
	2.10.2	挡土墙砌筑	106
	2.10.3	弃渣场弃渣与排水	107
	2.10.4	弃渣后台阶及绿化处理	108
2.11	自建砂石料厂		109

第3章 明挖工程

3.1 围护桩及地下连续墙 · 112
3.1.1 管线探测及保护 · 112
3.1.2 围护桩及地下连续墙施工 · 114

3.2 基坑 · 114
3.2.1 冠梁及混凝土支撑施工 · 114
3.2.2 基坑开挖 · 115
3.2.3 基坑边墙修整及堵漏 · 118
3.2.4 基坑支撑 · 119

3.3 防水 · 122
3.3.1 防水卷材基面处理 · 122
3.3.2 防水卷材铺设 · 123
3.3.3 刚性防水基面处理 · 124
3.3.4 刚性防水施工 · 125
3.3.5 细部防水 · 126

3.4 主体结构 · 127
3.4.1 钢筋 · 127
3.4.2 模板及支架 · 129
3.4.3 混凝土施工 · 131
3.4.4 混凝土收面及养护 · 132
3.4.5 盖挖逆作 · 133

第4章 盾构隧道

4.1 端头加固 · 136
4.1.1 端头加固施工准备 · 136
4.1.2 加固方式 · 137
4.1.3 加固效果的检查 · 141

4.2 始发(到达)准备 · 143
4.2.1 施工降水 · 143
4.2.2 始发及接收基座 · 144
4.2.3 始发反力架 · 145
4.2.4 止水帘幕橡胶安装 · 146
4.2.5 洞门凿除 · 147
4.2.6 管片拉紧装置 · 148
4.2.7 管片检验 · 149
4.2.8 管片验收 · 150

4.3 盾构始发 · 151
4.3.1 负环拼装 · 151
4.3.2 盾构始发 · 152
4.3.3 反力架拆除 · 153
4.3.4 负环拆除 · 154

4.4 掘进控制 · 155
4.4.1 出渣量控制 · 155
4.4.2 同步注浆量控制 · 156
4.4.3 管片拼装 · 158

4.5 联络通道 · 164
4.5.1 预留洞门管片 · 164
4.5.2 联络通道前后盾构隧道加固 · 165
4.5.3 联络通道土体加固 · 167
4.5.4 联络通道施工 · 167

第5章 顶管施工

5.1 管节预制施工 · 170
5.1.1 场地布置 · 170
5.1.2 预制施工 · 171

  5.1.3 管节吊装及存放 ············· 174
5.2 隧道端头加固及降水 ············· 175
5.3 始发准备 ························· 175
  5.3.1 始发基座及反力墙 ············· 175
  5.3.2 顶管机组装 ····················· 176
  5.3.3 止水帘幕橡胶安装 ············· 177
  5.3.4 洞门凿除 ························ 178
  5.3.5 管节验收及翻身 ················ 179
  5.3.6 顶管机调试 ····················· 180
5.4 顶管始发 ························· 181
5.5 顶管掘进 ························· 182
  5.5.1 姿态控制 ························ 182
  5.5.2 地面沉降控制 ··················· 184
  5.5.3 触变泥浆控制 ··················· 185
  5.5.4 管节拼装检验 ··················· 186
5.6 顶管接收 ························· 187

第6章　沉管施工

6.1 沉管管节预制 ····················· 190
  6.1.1 坞底起浮层 ····················· 190
  6.1.2 防水底钢板 ····················· 191
  6.1.3 主体结构钢筋 ··················· 192
  6.1.4 模板 ····························· 193
  6.1.5 预埋件 ·························· 195
  6.1.6 大体积混凝土浇筑 ············· 196
  6.1.7 钢结构工程 ····················· 200
  6.1.8 管段接头防水 ·················· 202
  6.1.9 管段外包防水 ·················· 203

6.2 管段坞内蓄水起浮 ················ 204
  6.2.1 一次舾装件安装 ················ 204
  6.2.2 管段试浮检漏 ·················· 205
6.3 航道疏浚及基槽开挖 ············· 207
6.4 管段浮运 ························· 209
6.5 管节沉放对接 ····················· 210
6.6 基槽灌砂 ························· 213
6.7 管顶回填 ························· 215
6.8 管内施工 ························· 216

第7章　路基及高边坡防护

7.1 路基 ······························ 220
  7.1.1 路基填料 ························ 220
  7.1.2 路基填筑 ························ 221
  7.1.3 路基压实 ························ 222
  7.1.4 路基施工排水 ··················· 223
  7.1.5 路基检测 ························ 224
  7.1.6 路基过渡段填筑 ················ 226
  7.1.7 路基软基处理 ··················· 227
7.2 高边坡防护 ························ 231
  7.2.1 边坡刷坡 ························ 231
  7.2.2 挡土墙施工 ····················· 232
  7.2.3 锚索施工 ························ 233
  7.2.4 锚杆施工 ························ 235
  7.2.5 框架梁 ·························· 236
  7.2.6 边坡成型与绿化 ················ 237

第 1 章
通用部分

1.1 原材料进场验收

1.1.1 资料检验

钢材出厂合格证

钢材质量证明书

水泥出厂合格证　　水泥 3d 和 28d 检测报告

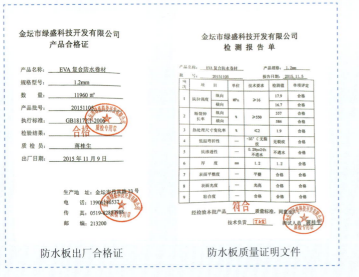

防水板出厂合格证　　防水板质量证明文件

止水带出厂检测合格报告

粉煤灰质保单　　粉煤灰合格证

直螺纹套筒合格证

中空锚杆质量合格证

质量控制要点

1. 产品出厂合格证、质量证明文件(厂家质量检测报告)齐全,各项指标满足规范及设计要求。

2. 产品批号与厂家质量检测报告中的批次一致。

3. 地材(砂石料)应根据取样试验报告判定合格情况。

第1章　通用部分

1.1.2 现场检查

使用游标卡尺抽查钢筋直径

延米单位质量检测

使用卷尺检测钢筋长度

钢筋铭牌齐全、清晰

止水带宽度检测

止水带厚度检测

抽检防水板单卷长度

抽检防水板单卷宽度

抽检防水板杂质

质量控制要点

1. 采用目测、手触的方式对材料的外观质量进行检查，外观质量不符合要求的不得进场，其中砂石料应采用目测、手触的方式检查含泥量、粒径、泥块含量、针片状颗粒含量等。

2. 通过游标卡尺、卷尺等常见检测仪器对将进场材料的规格型号、品种、单位质量等进行初步验收检测，不符合要求的严禁进场。

3. 进场材料初步检测采用抽检的方式随机检查。

4. 检测过程中，应有供货方人员随同，共同见证。

游标卡尺检测防水板厚度

1.1.3 试验取样

材料名称	取样频率	取样说明
钢筋	60t	同一牌号、同一炉罐号、同规格、同交货状态的钢筋,每60t为一验收批,不足60t也按一批计
钢管	60t	
袋装水泥	200t	以同一生产厂家、同一等级、同一品种、同一批号且连续进场的水泥,袋装水泥每200t为一验收批,散装水泥每500t为一验收批
散装水泥	500t	
细骨料	600t	以同一产地、同一品种、同一规格且连续进场每400m^3或600t为一验收批
粗骨料	600t	
钢筋机械连接	200个	直螺纹套筒连接和挤压套筒连接,先做工艺试验,各种规格型号的钢筋各取一组试件,工艺试验合格才能使用。以后按200接头为一验收批
喷射混凝土	100 m^3	每50～100m^3取试件不小于1组强度检查试件。 单线隧道每20m,双线隧道每10m,至少应在拱部和边墙各取1组试件。 当原材料或配合比发生变化时应另取1组试件
速凝剂	50t	同一生产厂家、同一批号、同一品种、同一出厂日期且连续进场的外加剂,每50t速凝剂为一批
钢筋焊接接头	200个	(帮条焊、搭接焊)200个接头为一验收批
混凝土抗压	100 m^3	以同一混凝土强度等级,同一配合比、同种原材料,50~100m^3标准养护试块不得少于1组抗压
混凝土抗渗	500 m^3	同一混凝土强度等级、抗渗等级、同一配合比,每500m^3混凝土应制作抗渗试件1组
防水板	5000 m^2	以同一厂别、同规格、同型号5000m^2取样一组
钢绞线	30t	同厂家、同品种、同规格、同批号每批不大于30t为一验收批
锚具、夹具、连接器	1000套	同厂家、同品种、同规格、同批号锚具或夹具或连接器每批不大于1000套为一验收批

质量控制要点

1. 以上标准均为参考标准,应根据规范变化、业主要求等要求进行更新调整。
2. 项目试验室应对物资部进行取样标准交底,以保证取样频次。
3. 按照规范要求,进行见证取样、监督抽检,平行检验。其中见证取样不得少于试验总次数的30%,平行检验不低于施工单位自检频率的5%。监督抽检分为常规监督抽检和随机监督抽检两种,其中广州地区要求常规监督抽检次数不少于单位工程同种材料所需试验总次数的5%。

1.2 材料存放

厂内存放:分类存放标识

露天存放:上盖下垫防雨防潮保护

材料标识牌标注检验状态

料仓砂石料按标线堆放、使用

配料机内砂石料堆放适度,不串料

防水卷材棚内避光存放

外加剂避光存放

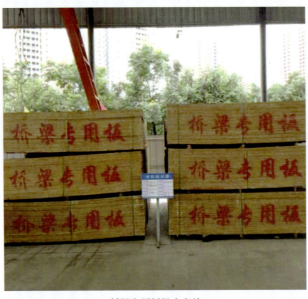
桥梁专用板场内存放

盆式橡胶支座场内存放

待检料与已检料分开存放

质量控制要点

1. 施工现场存放的材料必须经初步验收合格,进场后及时接受监理工程师见证取样送检,检测合格后方可使用,否则及时清场。

2. 不同的品种、规格、质量、等级的材料分类堆放、标识,注明检验状态等相关参数,严禁混放。

3. 露天放置材料,应根据材料的物理性能,做好下垫、上盖、防雨、防潮、防晒等措施。

4. 易老化、变质或变形等材料不得露天存放。

5. 材料(砂、碎石、水泥、粉煤灰等)检验合格和待检应分开存放。

1.3 钢筋工程

1.3.1 钢筋加工

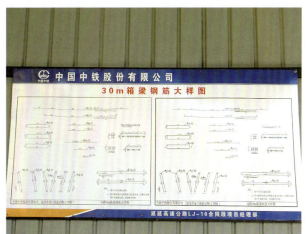

钢筋大样现场交底

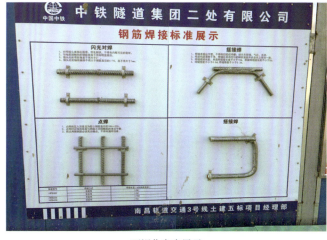

可视化交底展示

钢筋加工标准化

半成品分类堆码,标识到位

质量控制要点

1. 对施工图纸进行复核,确保设计图纸钢筋尺寸正确。

2. 对操作工人进行交底,使作业人员掌握加工要领和注意事项。

3. 用于加工的钢筋的规格、品种及物理性能满足设计要求;钢筋加工后,按照半成品的编号分类堆码、标识,分批次进行验收。

1.3.2 钢筋安装

水平梯子筋定位,保证层距

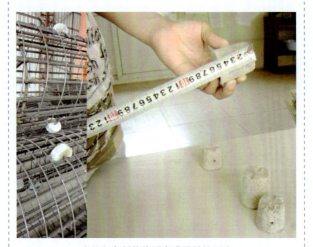
成品和自制垫块厚度满足设计要求

钢筋直螺纹连接错开 $35d$(d 为钢筋直径)

水平马凳筋定位

梁的混凝土保护层控制

绑扎连接,错开 1.3 倍搭接长度

1.3.3 钢筋验收

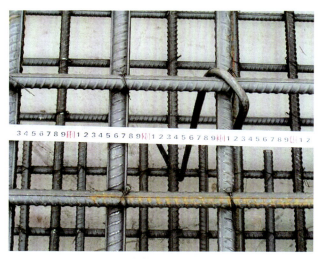
主筋间距检查

箍筋间距检查

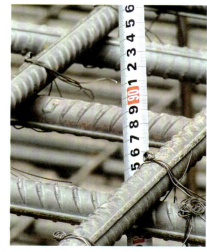
上下层间距控制

板钢筋绑扎效果

质量控制要点

1. 钢筋品种、规格、级别、数量及性能符合设计要求,钢筋排间距、层间距、分布钢筋间距、保护层厚度满足规范要求且均匀一致。
2. 同排钢筋接头数量、内外层钢筋接头数量在同一断面内均不得大于钢筋总数的50%,钢筋搭接长度不小于35d(d 为钢筋直径)。
3. 钢筋接头质量符合设计要求,预埋件位置准确。
4. 在钢筋上铺设走行板,以保证工作人员行走安全,同时避免直接踩踏钢筋。
5. 钢筋未通过项目质检工程师和监理工程师验收,不得进入下一工序。

1.3.4 钢筋接头

(1)钢筋直螺纹加工与安装

①圆盘锯切割下料,保证端头平整

②钢筋端头车丝,保证丝头完整

③打磨机打磨,使切口平整、光滑

④丝口打磨成品

⑤丝口通止规检测

⑥加戴套保护帽

（2）钢筋直螺纹加工与安装

使用扭矩扳手拧紧

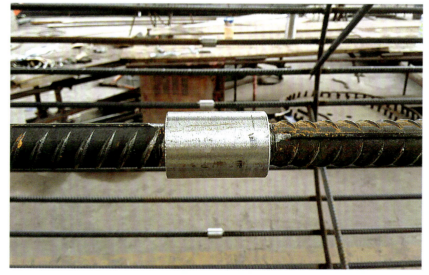

标准螺纹套筒接头

质量控制要点

1. 现场加工钢筋接头的操作工人，必须经专业人员培训合格后上岗。

2. 接头钢筋下料时，必须保证端头平整，切口面应与钢筋轴线垂直。

3. 钢筋滚丝设备的剥肋刀、滚丝轮必须定期检查和更换。

4. 钢筋丝头加工长度必须满足规范要求，误差应为 0～2.0P(丝扣)。

5. 接头安装后用扭矩扳手拧紧(力矩扳手抽检)，外露螺纹不宜超过 2.0P(丝扣)。

6. 各作业项目必须安排专职质检人员负责钢筋机械连接质量管控。

钢筋直径（mm）	螺纹尺寸（mm）	丝头长度（mm）	牙　数
$d=20$	M21×2.5	30	12
$d=22$	M23×2.5	32.5	13
$d=25$	M26×3	35.5	12
$d=28$	M29×3	40	13
$d=32$	M33×3	45	14

(3)焊接及冷挤压套筒接头

焊接接头

冷挤压套筒接头

质量控制要点

1. 现场加工钢筋接头的操作工人,必须持证上岗。

2. 焊接长度应满足要求:双面焊 $5d$,单面焊 $10d$(d 为钢筋直径)。

3. 焊接完毕后清除焊渣,焊缝应饱满均匀,无裂缝、气孔、夹渣,钢筋表面无明显烧伤、咬肉等缺陷。

4. 钢筋焊接采用 E43 以上焊条,焊条直径为 4.0mm,控制焊接电流为 160～210A。

5. 必须安排专职质检人员负责钢筋焊接接头质量管控。

质量控制要点

1. 套筒应有出厂合格证。

2. 使用挤压设备(挤压机、油泵、输油软管等整套)前应对挤压力进行标定(挤压力大小通过油压表读数控制)。

3. 挤压接头的压痕道数应符合检验接头技术提供单位所确定的道数。

4. 钢筋端头离套筒长度中点不宜超过10mm(在钢筋上画记号,以与套筒端面齐平);对正压模位置,并使压模运动方向与钢筋两纵肋所在的平面相垂直。

1.4 模板及支架

1.4.1 模板及支架设计

满堂脚手架及模板

单侧支架模板

组合钢模

质量控制要点

1. 高大模板及脚手架支撑体系（高度大于5m或跨度大于10m）应按危险较大的专项分部分项工程编制专项施工方案，并按要求完善评审及审批手续。

2. 保证混凝土结构或构件的设计形状、尺寸、相互位置关系正确。

3. 组合钢模、台车等应进行工厂内组装验收，进场后应进行现场拼装和验收。

走行式单侧支架模板

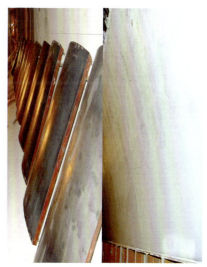
可调弧形组合模板

1.4.2 模板支架安装与验收

手砂轮对模板打磨

机械打磨

模板涂刷脱模剂

吊线坠保证柱模的垂直度

质量控制要点

1. 由测量人员给出模板安装的控制线。

2. 模板检查主控项目为：模板几何尺寸、模板拼缝平整度、模板外观、支撑体系、垂直度、钢筋保护层厚度、预埋件等。

3. 支架体系检查主控项目为：剪刀撑、扫地杆的设置，碗口件及扣件的紧固，支架的垂直度，搭设间距等。

4. 模板工程未通过项目质检工程师和监理工程师验收，不得进入下一工序。

1.5 混凝土施工

1.5.1 混凝土浇筑

采用梭槽浇筑混凝土

采用串筒浇筑混凝土

泵车直接泵送混凝土入模

振捣棒按步距梅花形振捣

质量控制要点

1. 合理安排混凝土浇筑时间,并提前通知拌和站。
2. 混凝土浇筑期间,应进行坍落度试验和试件制作,且现场质检工程师应旁站值班。
3. 按要求进行分层浇筑分层振捣,分层厚度不大于50cm。
4. 振捣棒要垂直插入,快插、慢拔,每次插入振捣的时间为20～30s,不得漏振、过振。
5. 浇筑混凝土时,混凝土的自由落体距离(混凝土出料口与浇筑面的距离)不得大于2m。
6. 现浇混凝土严格按照配合比进行,严禁随意加水调整混凝土坍落度。
7. 在浇筑混凝土过程中,应安排专人进行检查及加固模板支撑体系。
8. 浇筑混凝土时,应检查中埋式止水带的位置,保证止水带居中顺直。

1.5.2 收面与养护

人工收光

磨光机收光

三辊轴机收面整平（路面及桥梁顶面）

质量控制要点

1. 混凝土浇筑后，及时进行收面及养护。

2. 养护可采用覆膜、洒水等方式，冬季施工应采取保温措施。

3. 混凝土养护时间不得少于14d。

4. 做好成品保护，混凝土强度未达到2.5MPa（约12h），严禁踩踏或安装模板及支架。

5. 拆模时间应根据同条件试块的试验强度进行判定。

包裹塑料薄膜加强养护

混凝土覆盖洒水养护，保持湿润

1.5.3 混凝土试验

混凝土坍落度现场测试

标准试块养护及标识

同条件试块留置

混凝土抗压强度试验

混凝土抗渗试验

质量控制要点

1. 按规范要求,进行坍落度试验,做好标准养护和同条件养护试件。

2. 标养室要配置温(湿)度自动控制仪(标准养护温度20℃±2℃,湿度90%以上),试块单层放置,间距大于1cm。

3. 同条件试块按要求留置,并与浇筑的混凝土构件在同样的环境、同样的养护条件下进行养护。

4. 在达到混凝土龄期后,对试件进行抗压和抗渗试验。

1.5.4　混凝土施工缝处理

施工缝凿毛

混凝土凿毛机

施工缝凿毛清理

质量控制要点

1. 应凿除已浇筑混凝土表面的水泥砂浆和松弱层,用人工凿毛时,混凝土强度不低于2.5MPa(约12h),用风动机等机械凿毛时,不低于10MPa(约24h)。

2. 凿毛须露出新鲜混凝土、露出骨料,面积不低于75%。

3. 经凿毛处理的混凝土表面应用水冲洗干净,但不得存有积水。

4. 施工缝在绑扎钢筋前必须凿毛,虚渣清理干净,严禁施工缝未凿毛清理进行钢筋安装作业。

5. 凿毛过程应加强对中埋式止水带的保护,严禁破坏。

1.6 加工厂

1.6.1 加工布置及场容

加工厂建设简洁、大方

采用桁吊节约空间

加工厂分区合理、界面清晰

配电系统集中设置

场地线路走线槽,杜绝明线

集中供气

提前预埋套管,穿管引线

1.6.2 加工机械

数控立式钢筋弯曲中心

数控钢筋加工机

液压冲剪机

数控火焰切割机

二氧化碳保护焊（采用二保焊机焊接速度提高，焊接质量有保证，节约材料）

角焊缝焊接效果

剪板机（采用剪板机后，减少了材料的浪费，剪切出来的钢板尺寸可控，功效提高。加工量大时，可节约成本）

联合液压冲孔机（可冲直径为28cm、厚度为20cm的钢板，也可剪切100mm×100mm的角钢，提高了功效）

自行式火焰切割器

1.6.3 钢拱架加工

拱架弯曲机

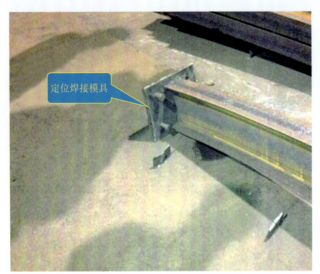
钢拱架连接板定位模具图（定位焊接模具）

超前小导管位置标识准确

型钢连接采用钢板加强焊

拱架试拼

质量控制要点

1. 钢（拱）架加工前，先对操作工人进行交底。
2. 型钢拱架的连接应采用帮焊，严禁直接对接焊。
3. 核对图纸与现场的情况。
4. 钢（拱）架加工后，分批次进行验收。
5. 对于钢（拱）架应进行试拼装，合格后，方可批量生产。

1.6.4　超前小导管加工

超前小导管加工

钢管冲孔机加工注浆孔

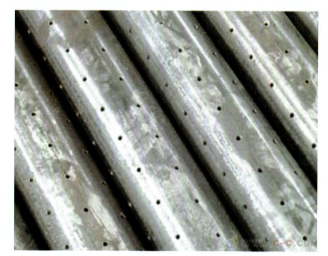
小导管注浆孔

小导管尾部加焊管箍，方便注浆

小导管成品

1.6.5 钢筋网片加工

钢筋网片自动焊接机[自动焊接网片,焊接后的网片成型好,尺寸标准,焊接速度快(原来需要4个人焊接,现在2个人就足够)]

网片加工效果

钢筋网片人工定位焊接

网片加工成品

1.6.6 钢筋笼加工

钢筋笼加工

钢筋笼验收

圆形保护层垫块

钢筋笼滚焊机

自制卡槽控制钢筋间距（钢筋间距定位卡具）

质量控制要点

1. 钢筋笼加工前，先对操作工人进行交底。

2. 钢筋笼检查主控项目为：钢筋型号、钢筋间距、层距、保护层垫块、钢筋接头质量、钢筋接头错开百分比、预埋件等。

3. 钢筋笼加工后，分批次进行验收，未经验收不得使用。

1.7 拌和站

利用高差自落式拌和站

平地输送式拌和站

混凝土拌和站

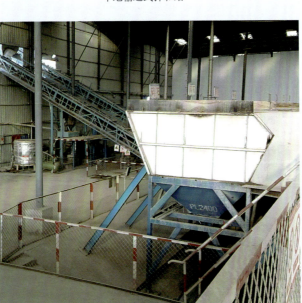

冬施拌和站全料仓、配料机、上料系统全封闭保温

质量控制要点

1. 待检与已检仓应分开。
2. 要对料仓不同的品种、规格的材料分类堆放、标识。
3. 料仓地面硬化，做好排水设施，上方加盖雨棚。
4. 计量设备应按周期进行校订。
5. 必须严格按照配合比进行拌制，误差控制在容许范围内。

工字钢+钢板+混凝土基础料仓隔墙

料仓标识

待检与已检分仓存放

配料仓防撞及防撒漏设置

自动计量系统

快热式电热水器供暖保温

锅炉供暖保温

混凝土砂石分离机

1.8 桩及地连墙施工

1.8.1 成桩方式

(1)成桩方式一

长螺旋钻机

正反循环钻机

旋挖钻机

1. 适应性：长螺旋钻机具有无污染、无振动、高效率等特点，适用于砂土、粉土、黏土等地层。

2. 优点：无需泥浆护壁，无泥浆处理及污染，成孔速度快，成本低。

3. 缺点：只适应无水软土地层，桩长度小于30m，桩径小于1000mm，卵石、砂卵石、岩层均不适用。

4. 施工要点：施工过程中控制钻进速度和垂直度，以防偏位和坍孔。

1. 适应性：适用于黏性土、粉土、砂土、碎石土、强风化岩、软质岩。

2. 优点：钻进速度快，成本低。

3. 缺点：一般适应于软土地层，卵石、砂卵石、岩层均不适用。

4. 施工要点：循环钻机或旋挖钻机主要控制好护壁泥浆的相对密度及含砂率，防止钻进时缩径或坍孔，钻到设计标高后进行清孔，满足要求后，立即组织进行水下混凝土浇筑。

1. 适应性：旋挖法在黏土、粉土、砂土等软土地层及粒径小于10cm的卵砾石层中均可施工。

2. 优点：适应于各类地层，效率较高。

3. 缺点：成本高，需根据地层综合选择不同功率钻机和钻具。

4. 施工要点：钻机的安平和稳定，控制钻杆的垂直度。

（2）成桩方式二

冲击钻机施工

1. 适应性：在含有大颗粒卵砾石或岩基中成槽，以选用冲击钻为宜，对于大砾石、漂石及脆性岩层特别有效。

2. 优点：造价低、结构简单、施工简便。

3. 缺点：效率低，施工噪声及振动大。

4. 施工要点：冲击成孔，开孔时应低锤密击，冲进时，必须准确控制和预估松绳的合适长度，并留有一定余量，且经常检查松绳的完好性，遇塌孔或缩径时，立即停止钻进，探明塌孔位置，同时向孔内投入片石及黏土重新造壁至塌孔上方1~2m。

三轴搅拌桩机施工

1. 适应性：三轴搅拌桩机适用于处理正常固结的淤泥与淤泥质土、粉土、饱和黄土、素填土、黏性土、泥炭土、有机质土等地基。

2. 优点：施工效率高。

3. 缺点：一般只适合加固工程或临时性工程，作为较浅基坑工程围护挡墙、被动区加固、防渗帷幕等。

4. 施工要点：浆液的水泥掺入量，按照工艺要求进行搅拌和喷浆，并控制提升和下降速度。

人工挖孔桩

1. 适应性：适用于桩径1000mm及以上，无有害气体、无地下水地层。

2. 优点：适用范围广。

3. 缺点：存在安全风险，施工效率低。

4. 施工要点：根据要求进行专项方案编制及专家评审（深度大于16m），做好孔口防护、控制护壁质量、提升装置的安全措施到位和现场专职安全员盯控等。

（3）成槽方式三

液压槽壁机

1. 适应性：适应于软土地层。
2. 优点：在软土地层成槽效率高。
3. 缺点：只适应软土地层，在其他地层需先打设导孔。

双轮铣成槽机

1. 适应性：双轮铣成槽机具有成槽施工效率高、孔型规则、安全环保等特点，适用于淤泥、砂、砾石、卵石、中硬强度的岩石等地层，适用范围广。
2. 优点：适应强，施工效率高，成槽效果好。
3. 缺点：成本较高，施工场地要求较大（主要是泥水分离系统占地及大型机械运转空间要求）。

1.8.2 成孔施工

护筒埋设及孔位定位

旋挖钻机钻孔

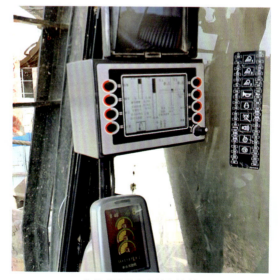

旋挖成孔垂直度过程控制

成孔检查

质量控制要点

1. 机械钻孔前先进行人工探孔，探明地下管线情况。

2. 由测量人员根据桩位平面图及现场基准点，在各桩位打入明显标记，桩位放线确保准确。

3. 钻孔时应跳孔施工，以减小土体扰动防止塌孔。

4. 钻孔机就位时，必须保持平稳，不发生倾斜、位移，为准确控制钻孔深度，应在机架上或机管上作出控制的标尺，以便在施工中进行观测、记录。

5. 对需泥浆护壁的桩孔，钻进过程中应及时补充泥浆，保证液位不低于孔口下 0.5m。

6. 钻到预定深度后，必须在孔底处进行空转不进尺，循环换浆，清孔后距孔底 0.5m 处的泥浆比重应控制在 1.15 左右，对于土质较差的砂土层，清孔后孔底泥浆的比重宜为 1.15～1.20，在灌注水下混凝土前必须复测沉渣厚度，沉渣超过规定者必须重新清孔。

7. 钻进到位后，应对孔位、孔径、孔深、泥浆比重、沉渣厚度等进行验收。

1.8.3 成槽施工

(1) 导墙施工

导墙开挖

人工进行捡底

导墙钢筋绑扎

质量控制要点

1. 使用挖机进行开挖，人工配合捡底防止超挖、欠挖。

2. 导墙宽度应比设计墙厚大5cm，导墙中心线外放大于10cm。导墙长度为20~40m为宜，导墙的接缝位置要与连续墙的接缝位置错开0.5m以上。

3. 浇筑混凝土过程中，两边必须同步进行浇筑；同时要注意捣固方式，且要捣固密实。

4. 导墙顶面标高根据实际地面标高确定，在浇筑混凝土时，导墙左右两侧面板标高必须一致且高于场地内硬化50mm，以便下一幅连续墙的施工。

5. 导墙施工完成后，使用方木对导墙进行支撑后回填，防止坍塌变形。

导墙混凝土浇筑

导墙支撑

（2）成槽施工

地下连续墙成槽

成孔导墙内的液面高度≤0.3m

超声波测斜仪

质量控制要点

1. 为保持槽壁稳定，槽内泥浆液面控制在导墙下30cm，以防造成槽壁塌落。

2. 施工中采用大比重泥浆，以防挖槽过程中槽壁坍塌；使槽内泥浆比重不小于1.1，黏度不小于30s。

3. 在成槽过程，实时对槽壁垂直度进行测量，以及时纠偏。

4. 在成槽过程，应注意地层变化，及时调整成槽参数。

5. 根据幅宽及地层情况，也可采用先按槽幅宽度打设导向孔，再实施成槽施工，以提高成槽速。

(3)接头方式

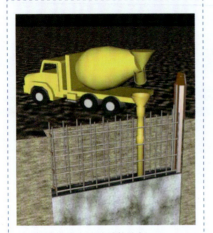
地下连续墙接头板

地下连续墙钢筋笼接头

型钢接头

地下连续墙接头板

地下连续墙接头管

型钢接头

1.8.4 成孔验收

泥浆相对密度≤1.15

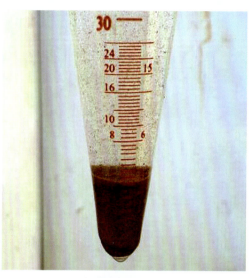
泥浆含砂率≤6%

泥浆黏度测试

接头刷壁

槽深测量

质量控制要点

1. 在成槽后,检查槽深及垂直度满足要求后,应及时进行清孔。

2. 清孔时,泥浆补给要及时,槽内泥浆液面控制在导墙下30cm,以防造成槽壁塌落。

3. 清孔后槽内泥浆指标:相对密度降低至1.05以下,黏度小于18s,含砂率小于0.6%;清渣后槽底沉渣不得厚于100mm。

4. 在混凝土浇筑前,再测定一次槽底泥浆和沉淀物,如不符合要求,再清槽。

1.8.5 钢筋笼吊装

测斜管安装

钢筋整体吊装

钢筋笼分段吊装

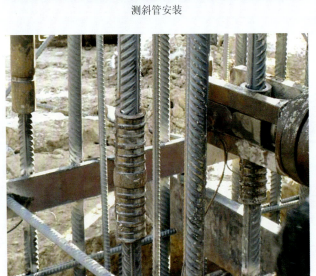
槽口钢筋连接

质量控制要点

1. 钢筋笼经验收合格后，相关人员联合验收现场签署吊装令后方可起吊；钢筋笼根据施工情况采用整体或分段吊装。

2. 钢筋笼分段吊装宜采用冷挤压套筒、正反丝套筒或焊接。钢筋连接应连接牢固，分段吊装对接定位准确。吊装前应提前安装好测斜管、超声波检测管、墙趾注浆管等预埋件。

3. 重点检查起吊扁担、吊环及钢丝绳、吊点设置位置等。吊装过程中做好相应防护措施。

4. 钢筋笼吊装控制下放速度，不可强行下放。

5. 笼体吊装时，检查各类预埋管件(测斜管等)，防止管内进入泥浆，堵塞测孔。

1.8.6 水下混凝土灌注

混凝土导管水密性检测

导管安装距孔底 0.5~1m

混凝土罐车就位浇筑

水下混凝土灌注

质量控制要点

1. 导管安装管底距孔底 0.5～1m，管口用隔水球塞住。
2. 混凝土坍落度为 180～220mm，和易性良好。
3. 浇筑过程中需保持导管埋置深度 2～6m，拔导管前使用测线绳测孔内混凝土面的位置，确定拔除导管的长度。
4. 混凝土要连续浇筑，中断时间不得超过混凝土的初凝时间。
5. 浇灌应高出桩顶设计标高 0.5m。
6. 地下连续墙浇筑时：根据幅宽确定埋管根数，混凝土辐射 3m，导墙内泥浆液面距导墙面 1m，防止浇筑过猛泥浆溢出导墙；为保证连续浇筑，混凝土罐车到场 6 车以上方可浇筑，两车同时浇筑，第一斗必须将料斗放满后两管同时开塞，同时罐车加快放料速度，及时将管底包住，防止泥浆流入管内。

1.8.7 桩头破除

钢筋笼端部 PVC 管安装

环切后对称钻两个洞

桩头液压劈裂

桩头吊除

套管法破除的桩头

桩头破除全部完成

1.8.8 桩身检测

小应变法检测桩身完整性

预埋声测管

声波透射法检测桩身质量

钻芯法检测桩身质量

钻芯样品

质量控制要点

1. 小应变法或声波透射法为检测桩身完整性，钻芯法检测灌注桩桩长、桩身混凝土强度、桩底沉渣厚度，判定或鉴别桩底岩土性状，判定桩身完整性类别。

2. 基坑围护桩一般只检测桩身完整性，可采用低应变法或钻芯法。采用低应变法，抽检数量不宜少于总桩数的10%，且不得少于10根。采用钻芯法，抽检数量不宜少于总桩数的2%，且不得少于3根。

3. 基桩必须对桩身完整性和承载力两项参数进行检测。具体检测方法及数量要求参见《建筑基桩检测技术规范》（JGJ 106—2014）。

4. 对小应变法检测中不能明确完整性类别的桩或Ⅲ类桩，可根据实际情况采用静载法、钻芯法、高应变法、开挖等适宜的方法验证检测。

5. 钻芯法芯孔处理。当单桩质量评价满足设计要求时，应采用0.5~1.0MPa压力，从钻芯孔孔底往上用水泥浆回灌封闭；否则应封存钻芯孔，留待处理。

各类工程基桩和支护工程检测方法及数量

一、工程基桩部分		
基桩类型	检测要求	同类型桩抽检数量
桩径<800mm的各类灌注桩	用低应变法检测桩身完整性	柱下三桩或三桩以下的承台,每个承台抽检桩数不得少于1根。 地基基础设计等级为甲级（或说明中所列条件）的桩基工程:柱下四桩或四桩以上承台抽检桩数不应少于相应总桩数的30%,且抽检总桩数不得少于20根。非甲级的工程:柱下四桩或四桩以上承台抽检桩数不应少于相应总桩数的20%,且抽检总桩数不得少于10根
	用静载法或高应变法检测单桩承载力	采用静载试验时,抽检数量不应少于总桩数的1%,且不得少于3根;当总桩数在50根以内时,不应少于2根。 采用高应变法时,抽检数量不应少于总桩数的5%,且不得少于5根。 采用高应变法进行打桩过程监测的工程桩或施工前进行静载试验的试验桩,如果试验桩施工工艺与工程桩施工工艺相同,桩身未破坏且单桩竖向抗压承载力大于2倍单桩竖向抗压承载力特征值,这类试验桩的桩数的一半可计入同方法验收抽检数量
桩径≥800mm的各类灌注桩	用低应变法或声波透射法检测桩身完整性	采用低应变法检测桩身完整性时,柱下三桩或三桩以下的承台,每承台抽检桩数不得少于1根。 地基基础设计等级为甲级（或说明中所列条件）的桩基工程:柱下四桩或四桩以上承台抽检桩数不应少于相应总桩数的30%,且抽检总桩数不得少于20根。非甲级的工程:柱下四桩或四桩以上承台抽检桩数不应少于相应总桩数的20%,且抽检总桩数不得少于10根。 采用声波透射法检测桩身完整性时,抽检数量不应少于总桩数的10%,且不得少于10根
	用钻芯法检测成桩质量	抽检数量不应少于总桩数的10%,且不得少于10根。 采用钻芯法检测时,桩径小于1.2m的桩,不得少于1孔;桩径为1.2～1.6m的桩,不得少于2孔;桩径大于(含)1.6m的桩,不得少于3孔

续上表

桩径≥1200mm的人工挖孔桩	用低应变法检测桩身完整性	采用低应变法抽检100%
	用钻芯法检测成桩质量	终孔前,采用超前钻进行100%桩端持力层检验时,采用钻芯法抽检桩身质量和桩身混凝土强度时抽检10%,且不少于10根。如果未按规范要求做超前钻,应采用钻芯法抽检30%,且不少于10根。桩径为1.2~1.6m的桩,钻芯不得少于2孔;桩径大于(含)1.6m的桩,不得少于3孔
各类型基桩	抗拔载荷试验	抽检数量不少于1%,且不少于3根
	水平载荷试验	

注:1. 桥梁基桩应按100%进行桩身完整性检测。对预制桩,用低应变法检测桩身完整性;对灌注桩,用低应变法和声波透射法检测桩身完整性。
2. 桥梁基桩的单桩承载力检测按上述要求执行

二、支护工程部分

锚杆及支护类型	检测要求	抽检数量
支护锚杆	极限抗拔力试验	不少于3根
	抗拔力验收试验	抽检数量不应少于锚杆总数的5%,且不少于6根
支护用混凝土灌注桩	低应变法或钻芯法检测桩身完整性	采用低应变法,抽检数量不宜少于总桩数的10%,且不得少于10根。采用钻芯法,抽检数量不宜少于总桩数的2%,且不得少于3根

注:该表为各类工程基桩和支护工程检测方法及数量的参考表,具体详见参见《建筑基桩检测技术规范》(JGJ 106—2014)。

1.9 监控量测

1.9.1 通用要求

监测负责人应具备专业资格　　编制监测方案并经审批　　监测设备经过检定

质量控制要点

1. 人员要求：针对工程监测项目的特点，必须建立专业的监测组织。配备足够具备一定专业素质的监测人员，并由具有丰富施工经验、监测经验及有结构受力计算、分析能力的技术人员担任监测负责人。

2. 设备要求：根据工程监测的项目要求，配备满足监测需要的设备仪器，仪器必须经过检定合格。

3. 方案要求：在开工前，编制监控量测大纲，随工程进度编制专项监测方案，并报按规定程序完成审批流程。

4. 反馈要求：纳入建设单位或集团公司监控信息平台的项目，应按时上传监控数据，并对预警信息及时采取相应措施。

1.9.2 确定监测控制值

邻近隧道建筑物

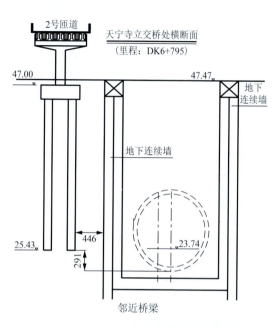

邻近桥梁

质量控制要点

1. 根据设计及规范要求，确定施工允许变形基准值，作为监测的控制值。

2. 对基坑或隧道施工影响范围内的沿线建（构）筑物、管线等进行调查，根据《民用建筑可靠性鉴定标准》（GB 50292—2015）、《危险房屋鉴定标准》（JGJ 125—2016)、《建筑结构检测技术标准》（GB/T 50344—2004）、《给水排水工程构筑物结构设计规范》（GB 50069—2002）、北京市《地铁建设中保护市政设施使用安全的设计配合要求》（〔2003〕180 号文）等规范文件，给出允许变形基准值，作为监测的控制值。

3. 对工程距离较近、结构薄弱或已出现明显缺陷、年代久远等特殊建（构）筑物，应进行评估鉴定，给出变形控制值。

4. 根据监测控制值，确定施工方案的可行性及可靠性。

建筑物测点

1.9.3 测点埋设

隧道洞内监测布点　　　　　地表测点　　　　　测斜管

地下水位监控孔　　　　钢筋应力计（B项量测）　　　　钢支撑轴力计

质量控制要点

1. 基准点必须埋设在施工影响范围以外。

2. 监测点要在开工前及时布设，监测点的埋设须严格按照相应规范进行，以确保监测数据可靠，并保证其不容易被破坏。待点位稳定后立即进行观测，取3次观测数据的平均值作为初始值，并设置保护套管及盖板进行保护。

3. 隧道洞内监测点按照设计及规范要求间距，设置监测断面。

1.9.4 监测实施

洞内量测

地表沉降量测

建筑物量测

测斜量测

地下水位监测

数据处理后上传监测平台

1.9.5 监测反馈及响应

项目监测反馈及处理

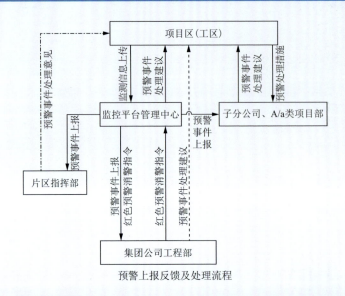

预警上报反馈及处理流程

质量控制要点

一、预警状态分级标准

1. 黄色监测预警："双控"指标（变化量、变化速率）均超过监控量测控制值的 70% 时，或双控指标之一超过监控量测控制值的 85%。

2. 橙色监测预警："双控"指标均超过控制值的 85% 时，或双控指标之一超过控制值时。

3. 红色监测预警："双控"指标均超过控制值，或实测变化速率连续 3 天超过控制值的 80%。

二、监测信息反馈及响应

一般性信息包括日报、周报、月报、年报和监控管理总结等，一般通过信息平台或书面形式并逐层上报，经办人应签署意见。对于预警信息，根据预警级别上报，相关人员应及时采取相应措施。

三、预警的响应机制

1. 集团公司文件要求：预警事件发布后，项目部、子分公司和 A/a 项目部应在 4h 内对预警事件进行处理，并及时提交预警事件处理意见。子分公司和 A/a 项目部要督促、跟踪落实。

2. 同时响应建设单位对预警信息处理的管理规定。

第 2 章
隧道工程

2.1 洞门

2.1.1 洞门形式

斜切式

倒斜切式

端墙式

翼墙式

质量控制要点

1. 遵循"早进洞、晚出洞"原则，尽量避免对山体的大刷大挖，维护原有的生态地貌。

2. 洞门、明洞衬砌尽早施作。Ⅲ级围岩开挖120m必须完成洞口工程，Ⅳ级以上围岩（含）开挖90m必须完成洞口工程。

3. 洞门及明洞地基承载力必须经试验，满足设计要求，并且无积水、虚渣、杂物。

4. 永久防护。在施工初期及早完成，形式符合设计要求。

2.1.2 进洞方式

（1）明挖法进洞

明挖土方进洞

明洞衬砌

明洞回填

质量控制要点

1. 开挖前，进行施工测量，做原地面记录，结合设计图纸，制订施工方案。
2. 检查边、仰坡以上的山体稳定情况，清除悬石，处理危石，施工期间不间断监测与相应防护。对设计有加固措施的进行加固处理。
3. 自上而下分层开挖、分层防护，不能上下重叠开挖。当地质条件不良时，采取稳定边坡和仰坡的措施。洞口石方严禁采用洞室爆破开挖，要采用浅孔小台阶爆破，边、仰坡开挖采用预留光爆层法或预裂爆破法。尽量少刷或不刷，减少植被破坏，保护生态环境。
4. 临时防护视工程地质、施工季节、施工手段等情况，采取喷锚、格构网等措施。
5. 永久性防护按设计图施工，施作截水天沟及堑顶永久防护措施，并在隧道施工的初期及早完成。洞口段开挖到隧底标高后及时施做中心水沟、排水侧沟及出水口。

（2）套拱管棚法

套拱管棚法（三台阶）

套拱管棚法（台阶法预留核心土）

套拱管棚法（CRD法）

套拱管棚法（双侧壁导坑）

质量控制要点

1. 导向墙基础必须稳定，地基承载力满足要求。

2. 导向墙曲线半径应考虑预留变形量、明洞（洞门）与暗洞衬砌厚度差的影响，避免钢支撑无法安装或衬砌厚度不足。

3. 按照设计要求间距架立导向钢架，用纵向连接钢筋焊接成一个整体；在钢架拱部外缘安装导向钢管，导向管安装前须测量定位，方向及角度与管棚设计方向一致，采用设置门架、垫板等方式设定导向管角度（3°为宜），并固定。

4. 钻孔采用专全液压履带钻机，由高孔位向低孔位进行，先钻奇数孔，全部完成且注浆后再钻偶数孔；钻进成孔过程中做好钻进过程的原始记录，及时对孔口岩屑进行地质判断、描述，为洞身开挖提供地质预测预报参考资料，指导施工。

5. 最后一节段管棚长度应较设计长度长10～20cm，便于配套件安装。

6. 脱模后，采用红色醒目喷漆对每个孔进行编号标识，导向墙与坡面的缝隙采用C20喷射混凝土喷射填充密实、圆顺。

7. 严格落实设计，浆液配合比、注浆压力、持压时间符合要求。

(3)半明半暗法

半明半暗进洞法

质量控制要点

1. 开挖边坡及防护:原始边坡稳定性较好,施工中应尽量减少对其扰动;清除表层不稳定体后,对洞顶以上范围及时进行防护。
2. 准确测量定位横向管棚,做好注浆加固。
3. 施作半明半暗护拱:护拱应嵌入临时开挖坡面,一般嵌入深度不小于50cm;确保横向管棚与护拱内型钢和连接钢筋焊接牢固;护拱混凝土浇筑前应在其中预埋导向管,确保管棚顺利打设。
4. 护拱强度达到90%后,方可打设长管棚及注浆加固。
5. 拱顶回填时应加强护拱临时支撑,以确保施工安全。
6. 隧道开挖中应严格控制开挖进尺,及时封闭成环,加强现场监控量测工作。

(4)竖井及斜井进洞

斜井进洞

竖井进洞

横通道进正洞

质量控制要点

1. 辅助进洞坑道应按设计图纸或设计变更要求施工。

2. 横通道进洞应按设计要求进行加固等处理措施施工。

3. 斜井运输及竖井提升按照有关规范及文件配备安全防护措施。

2.1.3 洞门边仰坡防护

按设计坡度刷坡

边、仰坡随挖随支

洞门边坡线条平顺

边仰坡锚杆框架梁防护

边坡植被防护

偏压段洞口抗滑桩施作

质量控制要点

1. 边、仰坡以上的危石在开挖前清除干净,开挖自上而下分层进行、分层防护,不能上下重叠开挖和洞室爆破,尽量少刷或不刷。

2. 边仰坡放样前对地形、地貌进行复测,据实计算边仰坡开挖边线,每5m间距打设一处桩位,采用红色线绳等拉紧标识。

3. 石质边坡应采用光面爆破或预裂爆破,不得对边坡和邻近建筑造成隐患。

4. 开挖面完整平顺,平整、无危石、坑穴且稳定,局部凹凸不大于15cm。

5. 临时防护采取喷锚、格构网等措施,随边、仰坡开挖每2m及时支护。在临时防护周边设置模板,区域内设置厚度标,确保周边平整、棱角分明。

6. 截水天沟在雨季来临、边仰坡开挖前修建完成,截面尺寸和坡度符合设计要求,距离边仰坡开挖线距离不小于5m并与路基排水系统顺接。

7. 洞口锚固桩、锚杆框架梁等防护措施与边、仰坡开挖支护配合施工,及时施作。

2.2 隧道开挖

2.2.1 硬岩开挖

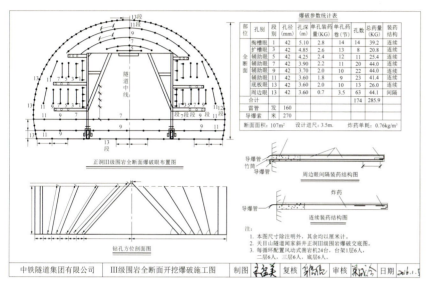

爆破设计

测量放线红漆标识

凿岩台车成孔

多功能台架+人工手持风钻成孔

使用成品炮泥

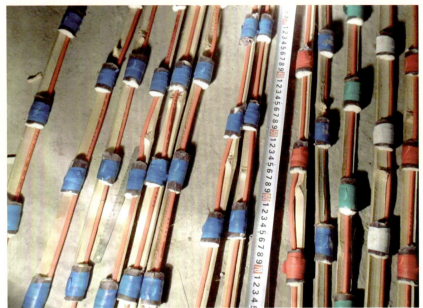
周边眼间隔装药准备

炮孔装药

雷管簇联

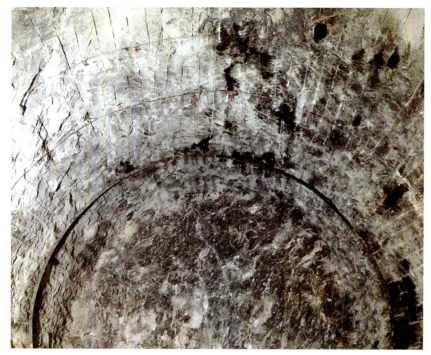
爆破成型(1)

爆破成型(2)

质量控制要点

1. 全断面法光面爆破开挖,根据爆破质量、地层岩性、节理不断优化爆破设计。
2. 按照爆破设计,通过测量准确定位炮眼位置,提高放样精度。
3. 钻眼严格按照爆破设计控制间距、深度和角度:掏槽眼的眼口间距和深度误差为5cm,辅助眼分别为10cm;周边眼的间距误差为5cm,眼底不超出开挖轮廓线10cm,外斜率不大于孔深3%~5%。
4. 开挖断面净空符合设计要求:严格控制超欠挖,石质坚硬岩石个别突出部分侵入衬砌应小于5cm,拱脚和墙脚以上1m内严禁欠挖。
5. 周边眼采用间隔装药,其他眼采用集中装药;炮泥、水袋堵塞长度符合设计要求,其中周边眼堵塞长度不小于200mm。
6. 炮眼痕迹保留率:硬岩不小于80%,中硬岩不小于60%。
7. 两工作面相距40m时加强联系,10~15m时从一端开挖直至贯通。

2.2.2 软岩开挖

(1) 开挖方法

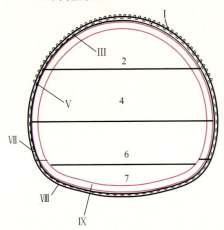
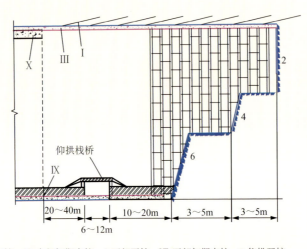

Ⅰ-超前支护；2-上部开挖；Ⅲ-上部初期支护；4-中部开挖；Ⅴ-中部初期支护；6-下部开挖；Ⅶ-下部初期支护；7-仰拱开挖；
Ⅷ-仰拱初期支护；Ⅸ-仰拱及填充混凝土；Ⅹ-拱墙二次衬砌

三台阶法施工工艺图

三台阶法施工效果

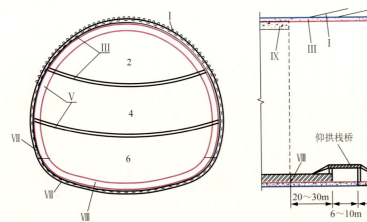
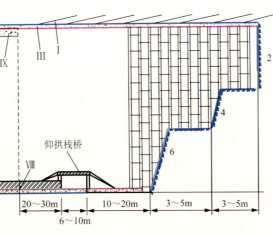

Ⅰ-超前支护；2-上部开挖；Ⅲ-上部支护成环；4-中部开挖；Ⅴ-中部支护成环；6-下部开挖；Ⅶ-下部支护成环、拆除临时支护；
Ⅷ-仰拱及填充混凝土；Ⅸ-拱墙二次衬砌

三台阶临时仰拱法施工工艺图

三台阶临时仰拱法施工效果

CRD 法施工效果

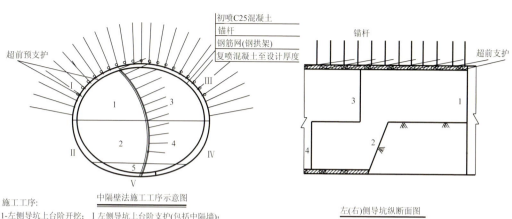

中隔壁法施工工序示意图

左(右)侧导坑纵断面图

施工工序：
1-左侧导坑上台阶开挖；Ⅰ左侧导坑上台阶支护(包括中隔墙)；
2-左侧导坑下台阶开挖；Ⅱ左侧导坑下台阶支护(包括中隔墙)；
3-右侧导坑上台阶开挖；Ⅲ右侧导坑上台阶支护(包括中隔墙)；
4-右侧导坑下台阶开挖；Ⅳ右侧导坑下台阶支护(包括中隔墙)；
5-仰拱施作开挖；   Ⅴ仰拱支护

说明：
1. 左右侧导坑开挖面距离为5m，台阶长为3m。
2. 中隔墙后期边衬边拆除。
3. 每循环开挖结束后，采用喷射C20混凝土5cm厚封闭齐头

左(右)侧导坑开挖工序流程图

CRD 法施工工艺图

双侧壁导坑法施工效果

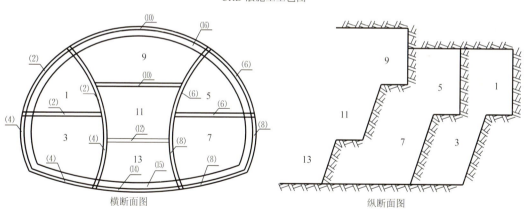

横断面图

纵断面图

施工工序：
1-左(右)侧导坑上部开挖；Ⅰ超前支护；
2-左(右)侧导坑下部开挖；Ⅱ左(右)侧导坑上部支护；
3-中槽拱部开挖；   Ⅲ左(右)侧导坑下部支护成环；
4-中槽中部开挖；   Ⅳ中槽拱部初期支护与左右Ⅱ闭合；
5-中槽下部开挖；   Ⅴ中槽下部初期支护与左右Ⅱ闭合；
6-拆除临时支护；   Ⅵ仰拱及填充混凝土；
                      Ⅶ拱墙二次初砌

(2)开挖机械

铣挖机铣挖掌子面

挖装机

质量控制要点

1. 软质围岩开挖,开挖应尽量采用挖掘机和人工配合无爆破施工,需爆破施工时,应采取相应的超前支护措施,弱爆破施工,以尽量减少对地层的扰动,软岩开挖通常采用的开挖方法有三台阶法、三台阶临时仰拱法、CRD 法、双侧壁导坑法等。

2. 三台阶法、三台阶临时仰拱法施工要点:①上部弧形导坑、中部核心土、下台阶等各部各错开 3～5m,进行平行作业。②Ⅳ级围岩上部弧形导坑开挖进尺不超过 2 榀拱架间距,Ⅴ级围岩上部弧形导坑开挖进尺不超过 1 榀拱架间距,中下台部开挖进尺不超过 2 榀拱架间距。③仰拱施工应短开挖、早支护、快封闭,Ⅳ、Ⅴ级围岩仰拱封闭成环距离掌子面不大于 35m。

3. CRD 法:①左、右侧各工作面每循环进尺控制在 1 榀拱架的距离。②左右各台阶长度 3～5m,左右两侧纵向距离小于 1～2 倍隧道洞径,且不大于 15m。当开挖形成全断面时,应及时完成全断面初期支护闭合。③根据监控量测信息,初期支护稳定后拆除中隔壁临时支护,中隔壁的拆除应滞后于仰拱,一次拆除长度不超过 15m,并加强监控量测,拆除后应立即施作二次衬砌。

4. 双侧壁导坑法:①两侧壁导坑和中部上台阶每循环进尺控制在 1 榀拱架距离,下台阶可控制在两榀拱架距离内。②侧壁导坑形状应近于椭圆形断面,导坑断面宜为整个断面的 1/3,导坑跨度不应大于 0.3 倍隧道宽度;左右导坑施工时,前后错开距离为 10～15m,中间土体滞后侧壁 10～15m;左右部的台阶开挖高度不应超过 3.5m,台阶长度控制在 2～3m。③临时支护拆除要求同 CRD 法。

2.2.3 施工步距要求

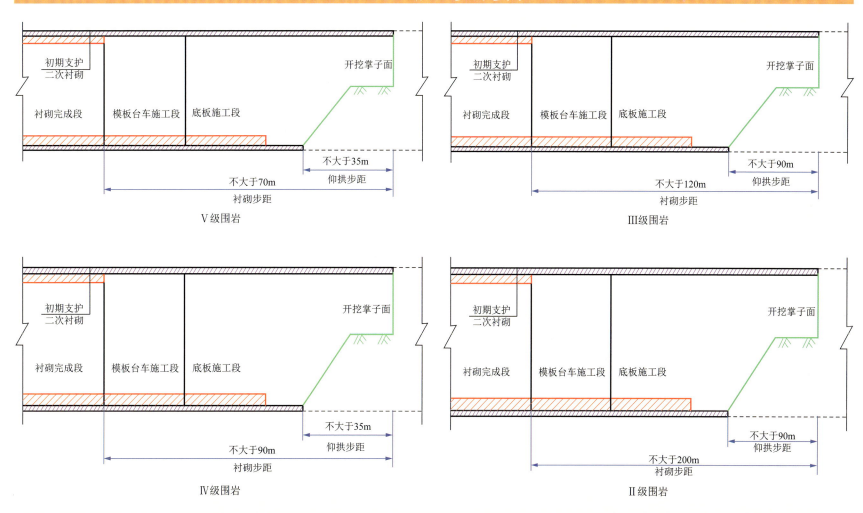

隧道施工安全步距要求

具体参见《关于印发〈铁路建设工程施工企业信用评价暂行办法〉的通知》(铁建设〔2008〕160号)和《关于进一步明确软弱围岩及不良地质铁路隧道设计施工有关技术规定的通知》(铁建设〔2010〕120号)。

2.3 超前支护

2.3.1 洞外超前管棚

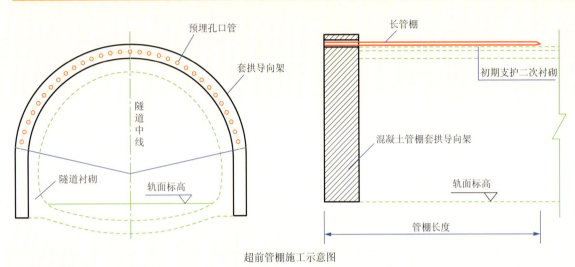

超前管棚施工示意图

导向管安装

导向墙混凝土浇筑

长管棚成孔

管棚节段连接

管棚编号

管棚安装

管棚逐孔注浆

质量控制要点

1. 导向钢架、导向墙净空满足隧道衬砌的要求，两侧墙脚地基承载力满足要求；导向管安装角度符合设计要求，径向与切线垂直；在导向墙端面对各孔进行编号，方便记录，避免混乱；导向前与岩面见封闭密实，不得漏浆。

2. 钻孔时，钻机应保持稳定，与已设定好的孔口管方向平行，用仪器、挂线、钻杆导向相结合的方法，精确核定钻机位置。

3. 开钻时应低速低压，根据地质情况逐渐调整，钻进过程中采用量测钢管钻机的偏斜度，发现偏斜超过设计要求，及时纠正，并记录和绘制孔位布置图，钻孔由上自下，左右交替进行；终孔超限者补浆封孔后再原位重钻。

4. 成孔后，采用地质岩芯钻杆配合钻头进行反复扫孔、清除浮渣，防止堵孔，结合高压风从孔底向孔口清理钻渣。

5. 管棚各节段间必须采用丝扣连接，长度不小于15cm，相邻管棚间错缝不小于1m，同一断面接头数量不大于50%。

6. 注浆时，按照每钻一孔，安装一孔，注浆一孔；管口必须安装进浆阀、止浆阀、排气管，排气管要伸入孔底。

7. 注浆量超限，未达到压力要求，应调整浆液浓度继续注浆，持压15min后可停止注浆。

8. 逐孔填写注浆检查记录表（包括编号、钢管连接长度、浆液性质、注浆压力、注浆量等）。

9. 管棚施工所用钢管的品种、规格，管棚长度、注浆浆液配合比、注浆压力符合设计要求。

10. 管棚不得侵入隧道开挖线内，相邻的钻孔不得相撞和立交，钻孔偏差控制：方向角误差1°，孔口距±50mm，孔深：±50mm。

2.3.2 洞内超前管棚

洞内超前管棚钻孔

超前大管棚施工

止浆阀安装

管棚注浆1

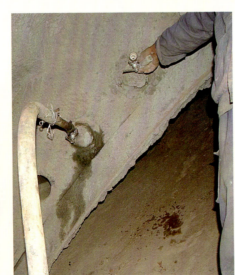
管棚注浆2

注浆检查记录表

2.3.3　超前小导管

煤电钻引孔

钢拱架超前小导管安装

格栅拱架超前小导管安装

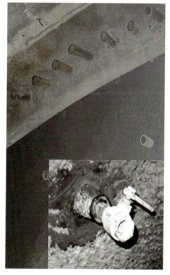

超前小导管及止浆阀

质量控制要点

1. 制作：前端做成尖锥形，尾部焊接钢筋加劲箍，管壁上每隔 10～20cm 梅花形钻眼，眼孔直径为 6～8mm，尾部长度不小于 30cm 作为不钻孔的止浆段。

2. 测量放样：按设计要求在施工作业面放处钻孔位置，并做好标记。

3. 钻孔：①采用凿岩机或煤电钻进行引孔（孔径较设计导管管径大 20mm 以上）。②按设计倾角、间距、孔深钻孔，允许误差方向角 2°；孔口距：±50mm；孔深：±50mm。

4. 清孔：用高压风从孔底向孔口清理钻渣。

5. 安装：成孔后，将小导管插入孔中或用凿岩机直接将小导管从钢架上、中部打入，外露 20cm 焊接于钢架上，相邻两排小导管搭接长度符合设计要求，且不小于 1m。

6. 注浆：①注浆前先喷射混凝土厚度 5～10cm 封闭掌子面，形成止浆盘。②由下至上顺序进行，单孔注浆压力达到设计要求值，持续注浆 10min 且进浆速度为开始进浆速度的 1/4 或进浆量达到设计进浆量的 80% 及以上时注浆方可结束。③注浆后要堵塞密实注浆孔，浆液强度达 70% 以上或 4h 后，方可进行开挖工作面的开挖。

7. 注浆浆液根据地质情况可选择水泥单液浆、改性水玻璃单液将（适用砂层）、水泥水玻璃双液浆、化学浆液如聚氨酯等。浆液配比按凝胶时间和结石率的要求，可在 0.5:1~1.5:1 范围内调制。

2.3.4 帷幕注浆

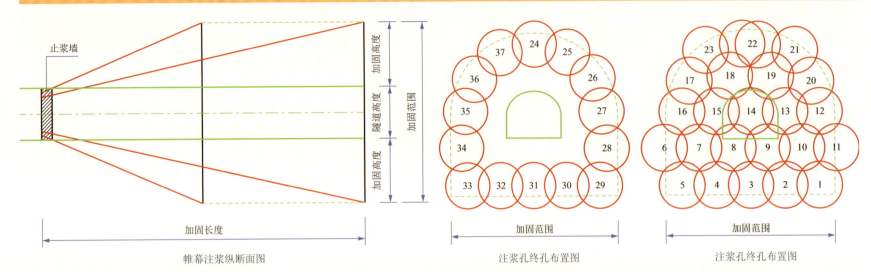

帷幕注浆纵断面图　　　　注浆孔终孔布置图　　　　注浆孔终孔布置图

止浆墙

钻孔

孔口管安装与锚固

注浆口连接

钻杆后退式注浆

帷幕注浆实景图

质量控制要点

1. 注浆作业面加固处理；围岩好的作业面，进行全断面喷混凝土厚度 20～30cm 封闭；围岩破碎、地质条件差作业面，浇筑厚度 1.5～3.0m 的混凝土止浆墙，保证注浆时能承受注浆压力。

2. 止浆墙嵌入地层 50cm，周边预埋 1.5m 长导管，通过导管对止浆墙和初支间裂隙封堵。

3. 钻孔时，采用低钻压、慢转速开钻；钻孔顺序为由上至下、由圈内至圈外，孔位最大允许偏差 50mm，最大偏斜率偏差 0.5%。

4. 孔口管前端应焊接法兰盘或抱箍接头，富水高压地段安装高压球阀并进行耐压试验。

5. 注浆方式根据地层岩性采用，一般采用前进式，岩性较好时采用后退式，注浆时，导向墙达到设计强度。

6. 注浆顺序由下而上、先无水孔后有水孔间隔分序施工，注浆前应注水试验 1min 以上。

7. 单孔注浆压力达到设计终压后，续注 10min 且进浆速度为开始进浆速度的 25% 或进浆量达到设计进浆量的 80% 及以上时，结束该孔注浆。

8. 钻孔中孔内出水量大于 30m³/h，停止钻进立即注浆。

9. 注浆应设置止浆岩盘、厚度、位置符合设计要求；注浆材料、配合比、加固范围、注浆效果符合设计要求。

10. 钻孔检验涌水量大于设计要求，或吸水量大于 1L/(min·m) 时应补充注浆。

2.4 初期支护

2.4.1 锚　杆

(1)砂浆锚杆

砂浆锚杆

人工手持风钻成孔

凿岩台车成孔

孔深检查

杆体安装

孔内注浆

安装垫板、拧紧螺母

锚杆长度检测

质量控制要点

1. 锚杆钢筋规格、性能、力学指标，锚固砂浆的强度及配合比均满足设计要求，且锚杆无损伤，止浆塞、锚垫板、螺母配套齐全。

2. 在喷射混凝土后施工，钻孔方向与基面垂直，成孔后采用高压风吹洗清孔。

3. 注浆时，插管至距孔底应 5～10cm 并缓缓退出，始终保持注浆管口埋在砂浆内，注浆管全部抽出后，立即把锚杆插入眼孔并安装止浆塞。

4. 锚杆入孔到底时孔口无水泥浆流出，须拔出锚杆重新注浆安装。

5. 安装好的锚杆不得敲打或悬挂重物。

6. 待砂浆达到设计强度后方可安装锚垫板，拧紧螺母，锚垫板与基面密贴。

7. 锚杆安装允许偏差：孔深大于锚杆长度 10cm；孔距 ±15cm；插入长度不小于设计长度 95%，且位于孔中心；灌浆饱满度大于 80%。

锚杆拉拔试验

(2)中空注浆锚杆

中空注浆锚杆

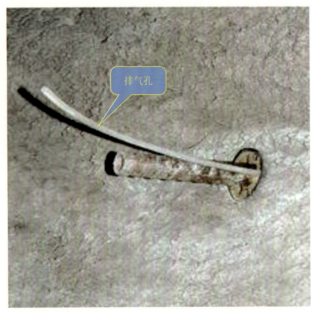

锚杆安装就位

中空锚杆注浆

安装垫板、拧紧螺母

锚杆安装成品

质量控制要点

1. 清孔后立即安装中空锚杆、排气管及止浆塞，随后注浆。

2. 注浆时，排气管冒出浓浆后停止注浆，扎紧排气管。

3. 其余要点与砂浆锚杆一致。

2.4.2 钢 架

施工测量

钢架临时支撑装置（拱架顶升机）

螺栓连接

安装过程净空检查

网片及连接筋安装

（超前小导管定位孔）

拱脚下垫混凝土板

拱脚下垫型钢

锁脚锚管锚固钢架

拱架、锚杆、钢筋网联合支护效果

质量控制要点

1. 钢架所用钢材品种、规格及力学性能满足设计要求，且应平直、无损伤，表面无裂纹、油污、片状锈蚀等。

2. 钢架使用前必须经检验、试拼后方可使用，安装中全程测量放线、校核，准确定位，确保不侵入二次衬砌断面。

3. 底脚不得有虚渣、积水，必须置于牢固的基础上，否则应清除干净并用钢板或混凝土板下垫。

4. 各节钢架间采用螺栓连接，拧紧螺栓，钢板之间密贴，必要时可将螺栓与螺杆点焊，避免振动松动；钢架每定位一榀，按设计采用连接钢筋与上榀钢架连接牢固，形成整体，与初喷混凝土间的缝隙用混凝土垫块顶紧。

5. 钢架拱脚须打设锁脚锚管或锚杆，锚杆数量及长度按照设计及交底进行，斜向下并与水平呈30°角。

6. 安装偏差必须满足：间距 ±10cm，横向 ±5cm，标高 ±5cm，垂直度 ±2°；拼装允许偏差 ±3cm，平面翘曲小于2cm。

2.4.3 喷射混凝土

预埋钢筋

湿喷机械手

预埋钢筋控制厚度

开挖后初喷

分层喷射混凝土

喷混凝土过程中人工找平

喷射混凝土外观质量

喷大板及试件制作

混凝土钻芯取样

喷射混凝土厚度检查

质量控制要点

1. 喷射混凝土所用材料符合设计要求,并严格按照设计强度配合比生产,搅拌时间不小于90s,纤维喷混凝土应试拌确定搅拌时间。
2. 采用湿喷工艺,自下而上分段分层喷射,一次最大喷射厚度:拱部不超过10cm,边墙不超过15cm;后一层在前一层终凝后进行。
3. 隧道开挖后应及时初喷,方可进行挂网、安装钢架等作业。
4. 钢架地段先喷射与围岩/初喷面之间的空隙,再喷射钢架之间混凝土,喷射混凝土与围岩、钢架、钢筋网结合紧密,背后无空洞、杂物;采用埋钉法设置混凝土标识,保证裸喷混凝土厚度;每次喷混凝土终凝到下一循环爆破作业间隔不小于3h。
5. 喷射混凝土时,喷嘴与岩面呈90°,距离1.5~2m,喷射速度要适当,减小回弹,保证强度。
6. 岩面潮湿、渗水、涌水时:大股涌水段先堵水再喷混凝土;小股涌水、裂隙渗漏水先堵水或导管引排后再喷混凝土;大面积潮湿地段添加外加剂改善性能增加黏结性。
7. 喷射过程中,及时铲出钢架表面过厚的混凝土,保证喷射平整;裸喷地段,及时检查与岩面的黏结情况,有松动、开裂、下坠、滑移现象须清除重喷,岩面有较大凹处时,先将凹处喷平。
8. 喷射混凝回弹料严禁重复使用,喷射完毕后及时清理拱脚回弹料,防止卷入下部喷层中。
9. 混凝土终凝2h后采用洒水养护,养护时间不小于14d,气温低于5℃时不得喷水养护;C25喷射混凝土24h强度不小于10MPa。
10. 初期支护表面须平整,允许偏差侧壁5cm,拱部7cm。

2.5 防水施工

2.5.1 防水施工准备

初支断面检测

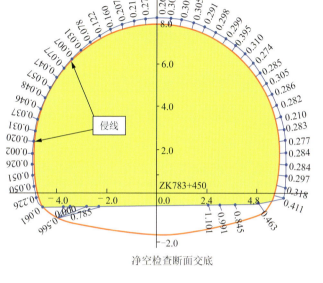
净空检查断面交底

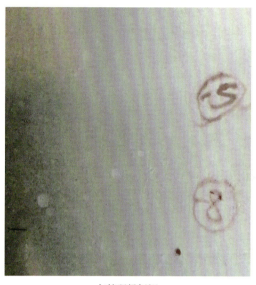
欠挖现场标识

质量控制要点

1. 在铺设防水板前,应每 2m 为一个检测断面进行初支断面测量;标识欠挖位置及时处理,确保衬砌厚度及净空,并保留记录存档备查。
2. 初期支护渗漏水应采用注浆堵水或排水盲管将水引入边沟,保持基面无明显渗漏水。
3. 基面应平整,无空鼓、裂纹、松酥,平整度符合 $D/L \leqslant 1/6$(L 为两凸面间距离,D 为两凸面间凹进去的深度)。
4. 基面外露的锚杆头、钢筋头等尖锐物、突出物应予以割除并覆盖砂浆抹平顺。
5. 基面阴阳角处做成 $R \geqslant 10cm$ 圆弧面。

渗漏水处增设排水盲管引入边沟

防水基面处理

2.5.2 防水施工

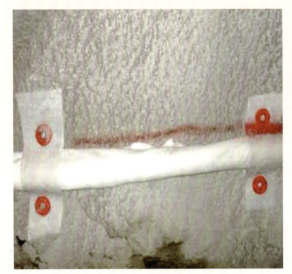
纵向排水管安装与固定

防水板底部反包排水管

土工布缓冲层铺设

垫圈定位模具

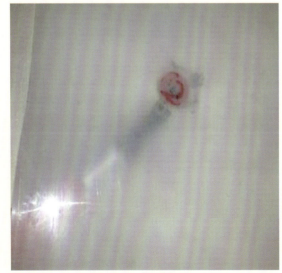
防水板及热熔垫圈黏结

爬焊机焊接防水板

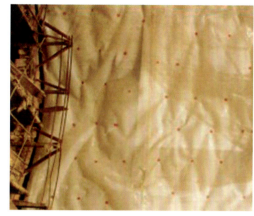  

防水板铺设效果1　　　　　　　　　防水板铺设效果2　　　　　　　　矮边墙防水板临时固定

质量控制要点

1. 防水板、土工布的材质、性能、规格及铺设范围符合设计要求,并在基面验收合格后,方可进行土工布、防水板施工。

2. 采用无钉铺设工艺:先铺设土工布,热塑垫圈+射钉固定,再铺设防水板与热塑垫圈焊接牢固;环向铺设先拱后墙,下部防水板应压住上部防水板,纵向铺设下游防水板压住上游防水板,三层以上塑料防水板的搭接形式必须是"T"形接头。

3. 垫圈间距为0.8~1.0m,土工布搭接宽度不小于5cm,平整、无隆起、无褶皱。

4. 防水板铺设松紧适度,不得有绷紧和破损现象,实际铺设长度与初期支护基面弧长比为10:8,挂点间距满足设计要求。

5. 防水板搭接缝与施工缝错开距离不小于100cm。防水板搭接长度不小于15cm,分段铺设的防水板边缘预留至少60cm的搭接余量,允许偏差-10cm。

6. 防水板采用双焊缝焊接,单条焊缝宽度不小于15mm,焊接温度应控制在200~270℃为宜;热塑垫圈的物理性能须与防水板一致,焊缝及防水板与垫圈焊接无漏焊、假焊、焊焦、焊穿;若存在漏焊、假焊应予以补焊,焊穿、焊焦处及外露固定点,采用同质材料覆盖焊接。

7. 焊缝检测:用5号注射针与压力表相接,用打气筒进行充气,在0.25MPa压力作用下,保持15min,压力下降在10%以内,说明焊缝合格,否则补焊至合格为止。

8. 防水板铺设超前二次衬砌1~2个衬砌长度,与开挖面保持一定安全距离。

9. 钢筋安装、焊接与绑扎等防水板附近作业时,须注意对防水板的保护,避免破损。钢筋段衬砌防水板执行"2次检查"即防水板安装后检查、台车定位前检查,及时发现处理破损处。

2.5.3 防水施工机具

防水板作业台架铺设辅助臂

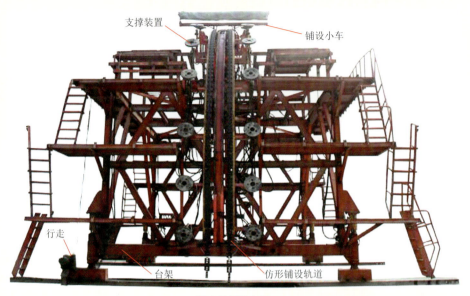

防水板铺设台架

防水板铺设机

热熔焊接机

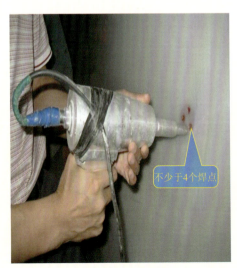

超声波焊机固定挂点

2.5.4　止水带连接

(1)钢边止水带连接

止水带接头切齐　　　　　　　切除止水带橡胶多余部分　　　　　　　止水带连接面打磨

   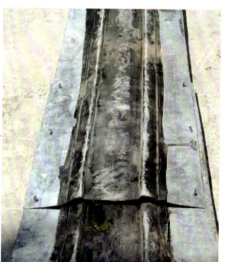

连接面涂刷胶水　　　　黏结,外力压紧　　　　铆钉固定　　　　连接完毕

(2)橡胶止水带连接——热硫化焊接

将热熔机预热温度应达到 130～150℃

止水带接头切割整齐并打磨

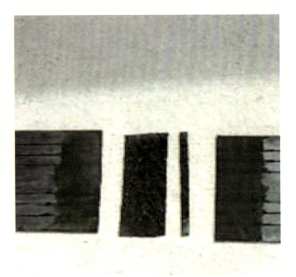

止水带接头处理完毕
准备 10cm 宽和 1cm 宽连接条

将止水带对齐放置在热熔机上
1cm 宽生橡胶连接条放入接缝中间

10cm 宽的生橡胶帮接条平铺在止水带的打磨面

将热熔机合上并加热 5min

复紧压紧螺栓,再加热5min,停止加热

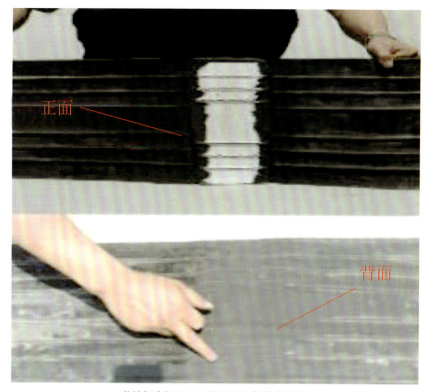

热熔机冷却20min,取出止水带,检查外观

质量控制要点

1. 止水带的品种、规格和性能符合设计要求。
2. 中埋式止水带在浇筑前必须固定,以保证止水带顺直;浇筑过程中应止水带不移位。
3. 中埋式止水带安装允许偏差:径向 ±5cm,纵向 ±3cm;中心空心圆环与施工缝或变形缝中心线重合。
4. 环向中埋式、背贴式止水带每卷长度根据围岩级别的不同分别厂家定制,不得有接头。
5. 纵向止水带定位:有接头段采用夹具式,无接头段采用牵引式。
6. 止水带连接:钢边止水带采用"一切、二粘、三锚"工艺,橡胶止水带采用热硫化连接工艺,搭接长度不小于20cm。
7. 仰拱与拱墙施工缝或变形缝里程尽量保持一致,仰拱环向止水带伸长20cm,与拱墙止水带搭接。

2.5.5 止水带安装

(1)矮边墙纵向止水带安装(牵引式)

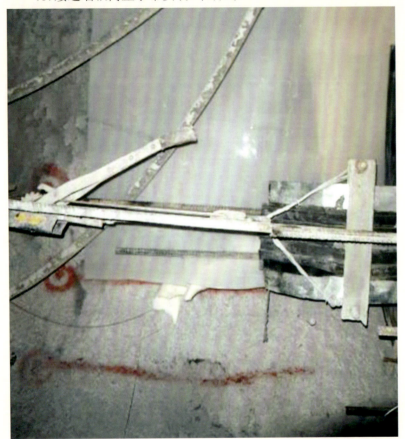

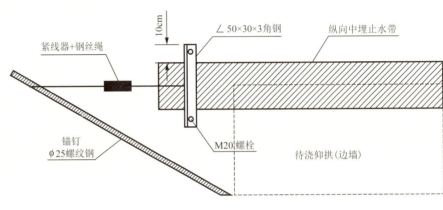

仰拱纵向止水带安装(牵引式)

质量控制要点

采用两根∠50×30×3角钢从止水带的两侧将钢边止水带的末端夹紧;在待浇筑边墙基础的后壁上打入锚钉,将紧线器尾端与锚钉的上端通过钢丝绳相连,紧线器前端与两根角钢的中部通过钢丝绳相连,然后扳动紧线器上的扳手,通过带动钢丝绳使钢边止水带拉紧绷直。

（2）矮边墙纵向止水带安装（夹具式）

仰拱纵向止水带安装（夹具式）

仰拱模板与止水带夹具结合

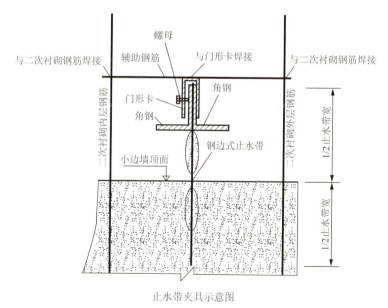

止水带夹具示意图

质量控制要点

纵向止水带安设采用专用"U"形卡固定夹板，确保位置定位准确，线形顺直在一条线上，且埋入混凝土深度规范，外露均匀高度一致。有条件的情况下，可将止水带夹具与仰拱弧形模板焊接在一起，起到夹具固定的作用。

（3）仰拱环向止水带安装

环向止水带安装

上下层钢端模固定止水带

钢端模及整体加固示意

仰拱浇筑后端头效果图

质量控制要点

1. 根据仰拱设计线形定制加工钢端模，分为上下两层，每层高度为仰拱厚度的1/2，单块长度1～2m，并根据纵向钢筋连接间距预留穿筋槽口。

2. 钢端模安装由中部到两端的顺序操作，中间模板中点应与测量放样的中心线对齐，法线平顺，并依据测量放样，采用下垫砂浆调整标高。

3. 仰拱中埋式止水带由上下两层模板夹紧固定，背贴式止水带由下层端模环向压紧。

4. 同层模板间采用栓接，必要时模板间安装止浆条。

5. 钢端模整体采用扁钢销接加固，便于周转使用。

6. 模板安装前，应在模板面板处涂刷脱模剂便于脱模；拆模时，应分块有序拆除，妥善保管，避免锈蚀。

(4)衬砌环向止水带安装

①初砌端头半钢模板（无钢筋）

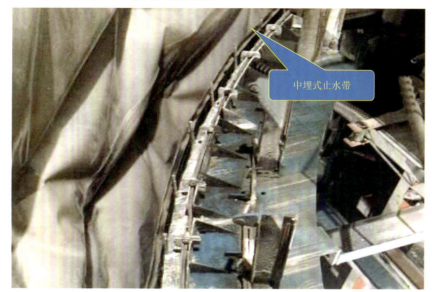

中埋式止水带安装

钢支撑固定

木模固定背贴止水带

成型后端部止水带

②初砌端头半钢模板（有钢筋）

质量控制要点

　　为保证衬砌钢筋纵向不断开，衬砌台车堵头模板采用4组模板封堵（3组钢模、1组木模），靠初期支护侧部分为木模。4组模板均通过I16工字钢、木楔加固固定，每块钢模板上下两端分别焊接1个φ12螺母与I16工字钢穿φ6盘条连接成整体，并利用木楔固定在衬砌台车上。衬砌双层纵向钢筋和外贴/中埋式止水带均通过模板间缝隙伸出。中埋式止水带在环向I16工字钢伸出时采用工字钢开槽方式，模板间环向缝隙塞废旧土工布进行封堵。

2.5.6 施工缝凿毛与清理

仰拱与衬砌施工缝凿毛效果

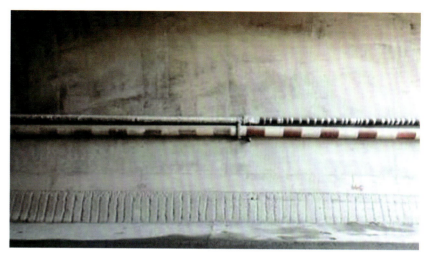

沟槽与衬砌施工缝凿毛

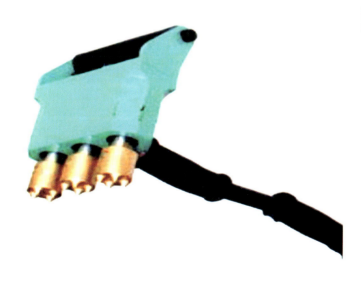

手持凿毛机

质量控制要点

1. 边墙纵向施工缝高出底板顶面不小于30cm;施工缝距预留孔洞边缘不小于30cm。

2. 先浇筑的混凝土必须达到一定强度后方可凿除表面水泥砂浆和松软层,凿毛须露出新鲜混凝土、露出集料,面积不低于75%。

3. 人工凿毛时,混凝土强度不低于2.5MPa;机械凿毛时,混凝土强度不低于10MPa。

4. 施工缝凿毛后,新混凝土浇筑前洒水润湿,但不得有积水;纵向施工缝铺不大于30cm的同标号砂浆,环向施工缝需取出浮浆、杂物,涂刷水泥净浆或界面剂。

5. 凿毛需严格控制范围,距离结构轮廓线3~5cm范围严禁凿毛,避免导致缺角、毛边,影响外观质量。

2.6 仰拱与填充施工

2.6.1 隧底开挖

基底清理干净、到位

仰拱弧形开挖效果

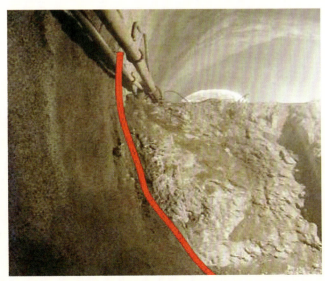

仰拱弧形开挖效果

质量控制要点

1. 隧底采用全幅开挖，开挖的弧度、深度、进尺等满足设计要求。

2. 隧底虚渣、淤泥、积水、杂物清除干净，先采用人工粗略清理，将较大块石清理干净，再采用高压风吹洗，将粉尘、细屑清除干净，并及时施作初期支护钢架或抽排积水喷混凝土封闭。

3. 初期支护钢架安装就位后，采用高压风二次吹洗，喷射混凝土封闭。

2.6.2 仰拱钢筋

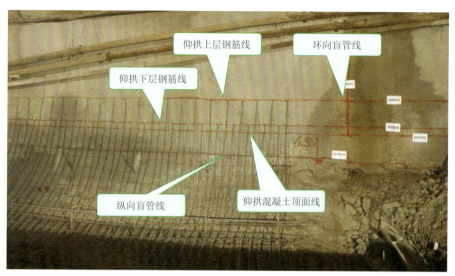

"五线上墙"卡控仰拱钢筋位置

仰拱钢筋间距控制卡定位准确

水平梯子筋定位(层距)

仰拱外露钢筋接头错开控制标准

隧道仰拱钢筋绑扎效果

2.6.3 仰拱模板

拼装式弧形模板

可移动式仰拱模板

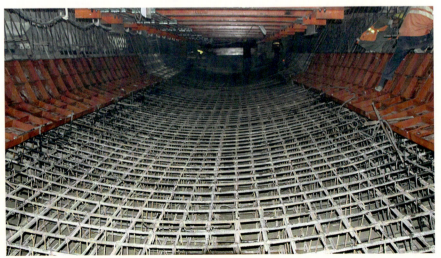

弧形模板固定于仰拱栈桥

2.6.4 混凝土浇筑

仰拱端头模板

仰拱浇筑

填充模板与定位

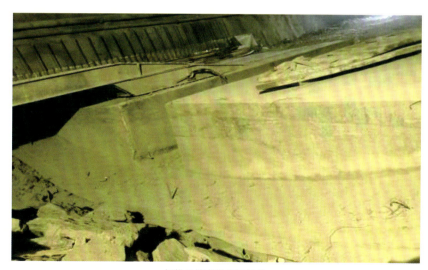

仰拱及填充浇筑后效果

仰拱填充表面人工收面

填充顶面精平

仰拱填充顶面平整

隧道路面施工采用的摊铺整平机

浇筑完毕养护

质量控制要点

1. 仰拱及填充必须按要求振捣。

2. 仰拱浇筑时,应分段分层浇筑。

3. 浇筑完成后,及时进行养护。

2.7 衬砌施工

2.7.1 衬砌台车

隧道无骨架模板台车,通行净空大

配管系统模板台车

质量控制要点

1. 台车设计应与厂家对接,除设计的断面尺寸、刚度外,还应考虑衬砌背后注浆装置、浇筑振捣操作窗口设置、风管位置、堵头模止水带的固定方式等方面。

2. 台车应在工厂内组装验收,再运输至施工现场拼装验收后使用。

3. 开始衬砌后,应先进行试验段施工,总结施工情况后再全面衬砌。

带边基模板台车,可有效消除错台（铰接小边基模）

2.7.2 衬砌钢筋

隧道混凝土保护层控制

二次衬砌主筋间距检查

衬砌钢筋绑扎

拱墙衬砌钢筋绑扎及垫块安装

质量控制要点

1. 施工缝在绑扎钢筋前必须凿毛，虚渣清理干净，严禁施工缝未凿毛清理干净进行钢筋安装作业。

2. 钢筋品种、规格、级别、数量及性能符合设计要求，钢筋排间距、层间距、分布钢筋间距、保护层厚度满足规范要求且均匀一致。

3. 同排钢筋接头数量、内外层钢筋接头数量在同一断面内均不得大于钢筋总数的50%。

4. 钢筋接头质量符合设计要求，预埋件位置准确。

5. 钢筋未通过项目质检工程师和监理工程师验收，不得进入下一工序。

2.7.3 混凝土浇筑

衬砌台车浇筑及振捣窗口分布

台车及输送管安装

三通分料器及示意图

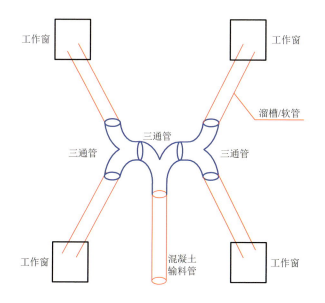

质量控制要点

1. 在钢筋验收合格后，进行衬砌台车定位。
2. 台车测量定位时，适当预留衬砌净空外放值（一般为3～5cm）。
3. 台车支撑到位，堵头板封堵可靠，并在台车高位预留排气孔（兼观察孔）。
4. 严格履行混凝土开盘令制度，严禁无开盘令浇筑混凝土。
5. 台车应对称浇筑，以防台车移位。
6. 模板台车必须按照分层浇筑分层振捣工艺要求进行，下落自由落体高度不大于2m。严禁不开下层窗口直接利用上层窗口浇筑边墙的行为。
7. 现浇混凝土严格按照配合比进行，严禁随意加水调整混凝土坍落度。
8. 衬砌混凝土达到龄期后应及时进行衬砌背后系统注浆。

附着式振捣器

通过工作窗口插入振捣

混凝土外观效果

台车衬砌外观效果

组合钢模混凝土外观效果

2.7.4 衬砌混凝土养护

混凝土养护专用台架

混凝土养生台架

混凝土养护记录

质量控制要点

1. 混凝土浇筑后应及时进行养护,养护时间不宜少于14d,洒水次数应以混凝土表面保持湿润状态为度。当日环境稳定低于5℃时,不得洒水养护。

2. 及时清除衬砌环向施工缝及表面的松动混凝土块,有缺棱掉角时严禁修补。

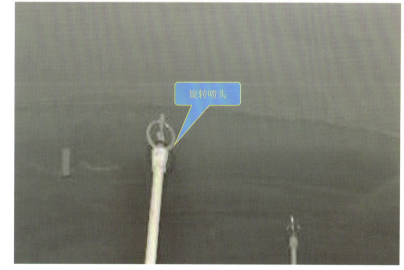

混凝土养生旋转喷头

2.7.5 衬砌混凝土实体检测

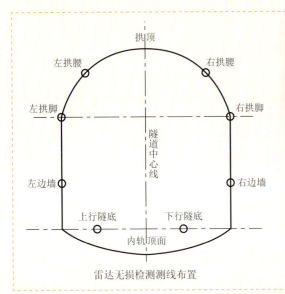

雷达无损检测测线布置

雷达无损检测

混凝土敲击检测台架

混凝土钻芯取样检测

钻芯试样制作

芯样强度试验

混凝土敲击检查

2.8 衬砌背后空洞预防及检测治理

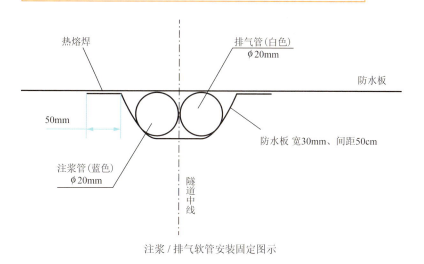

注浆/排气软管安装固定图示

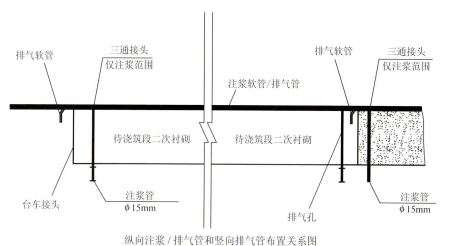

纵向注浆/排气管和竖向排气管布置关系图

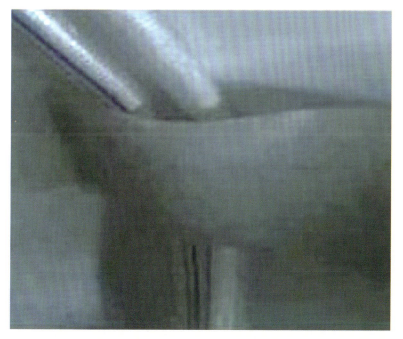

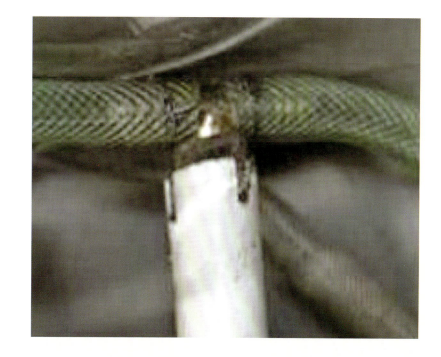

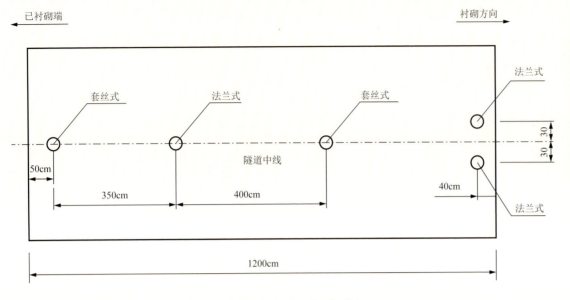

12m台车注浆排气管固定装置布置图

空洞注浆

法兰式/套丝式排气(注浆)管固定装置

质量控制要点

1. 混凝土质量必须满足施工需要,具有良好的流动性、保水性,坍落度符合要求。

2. 混凝土输送泵性能良好,有足够的泵送压力确保混凝土灌注密实。

3. 衬砌台车端头专人负责观察拱顶混凝土密实情况,严禁提前结束灌注。

4. 及时施作回填压浆,确保压浆充分、到位、饱满。

5. 定期对已完衬砌进行无损检测,及早发现、及早处置。

2.9 边水沟施工

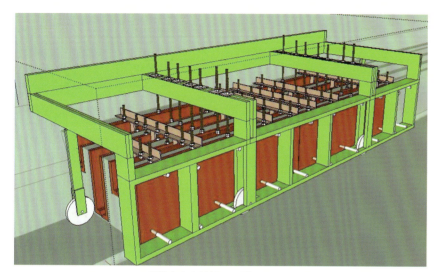
隧道水沟电缆槽移动模架效果图

怀邵衡铁路南雪峰山隧道沟槽施工定型模板

沟槽定型模板系统

沟槽定型细部图

水沟电缆槽模板台车

混凝土振捣

浇筑后效果

中心排水沟模板

盖板安装

质量控制要点

1. 沟槽模板一次安装长度必须与隧道曲线半径相适应。

2. 模板加固充分、要有足够的刚度。

3. 模板定位后，标高、纵向偏位、纵坡、结构尺寸与形状符合设计要求。

4. 混凝土所用材料符合设计要求，并严格按照设计强度配合比生产，搅拌时间不小于180s，纤维混凝土应试拌确定搅拌时间。

5. 浇筑分仓卸料，由一端向另一端分段、分层平行浇筑，采用小直径振动棒，捣固充分，过程中不要碰及模板、钢筋，避免模板、钢筋移位。

6. 混凝土强度达到8MPa时方可脱模，并注意棱角的保护。

2.10 弃渣场

2.10.1 手续依法合规

质量控制要点

1. 确定弃土场位置后,应及时跟当地政府、林业、环保、水利、高指等相关单位报批征地拆迁工作,并完善手续。
2. 弃渣场施工前应编制专项施工方案报批,通过后方可进行建设,建设完成后应编制相应的验收申请,验收完成后方可进行使用。

2.10.2 挡土墙砌筑

挡墙基坑开挖

地基承载力检测

检测结论

泄水孔安装与布置

挤浆法砌筑

现浇混凝土挡墙

质量控制要点

1. 按照"先挡后砌"的原则,弃渣前挡护砌筑完成。
2. 弃渣场挡护地基承载力、结构形式、所用材料,沉降缝、泄水孔位置及数量符合设计要求。

2.10.3 弃渣场弃渣与排水

渣场周边排水沟

坡面弃渣前挖台阶

弃渣场刷坡效果

质量控制要点

1. 在弃渣前在渣场周边设置排水沟。

2. 弃渣场斜坡地段要顺坡面挖台阶，台阶宽度不大于2m，避免渣体滑动。

3. 弃渣时按要求刷坡及设置台阶，以保证渣体稳定。

2.10.4 弃渣后台阶及绿化处理

弃渣后台阶处理

弃渣后复垦、绿化

质量控制要点

1. 弃渣完成后,要根据现场实际地形,进行台阶处理,台阶底部进行挡护处理。然后进行复垦、绿化。

2. 绿化工程是一项系统工程,应在主体工程初步竣工,其他工程基本完成后进行植被恢复或复耕。边坡绿化应以适应当地生长的草坪植物或低矮灌木为主。

2.11 自建砂石料厂

使用反击破碎石生产线

碎石专用水洗设备

污水处理压滤机

质量控制要点

1. 自建砂石料厂严格控制母材岩性和强度及碱活性等指标，严禁使用泥岩、炭质板岩、片麻岩、千枚岩、页岩等不合格岩石作为加工母材，其中母材抗压强度必须大于混凝土抗压强度的1.5倍。

2. 项目部自建砂石料厂，必须配备砂石料水洗设备，严禁未经水洗的砂石料直接用于工程实体。

骨料清洗前后对比

第 3 章
明 挖 工 程

3.1 围护桩及地下连续墙

3.1.1 管线探测及保护

现场检查井调查

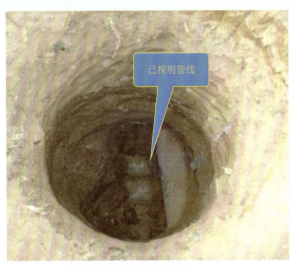

管线人工挖探

地质雷达扫描

手持式探测仪

桩孔施工前人工挖探

管线保护标识牌

设置管线保护区域

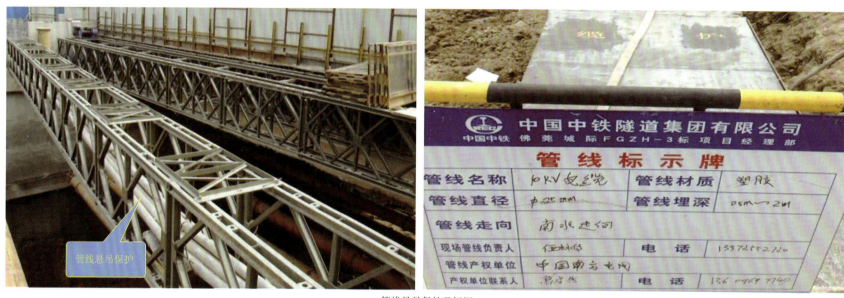

管线悬吊保护及标识

质量控制要点

1. 根据管线图,会同产权单位现场调查踏勘,采取走访相关单位、设施标识排查、检查井核查管线。

2. 使用专业雷达、红外线探测地下管线,结合人工探沟查找管线等综合手段互相印证,确认管线情况,防止遗漏。

3. 探沟必须人工开挖,对确认的管线设立明显标志,管线发生改移等变化时要重新确认。必须在已知管线全部找到后,方可进行开挖施工。

4. 必须完善管线施工相应手续,并经管线产权单位现场确认后施工。

5. 在管线保护范围内严禁机械开挖,必须先探后挖。发现盖板、防护层、砌筑结构、土层变化等异常情况,立即停止施工,先确认管线。

6. 在市政管线安全控制范围内作业前,必须进行技术交底和安全培训。所有现场人员应熟悉管线情况和基本知识,以及施工对管线的影响和保护措施。

7. 原地保护管线要确保措施到位,按规定开展监测。

3.1.2 围护桩及地下连续墙施工

详见第1.8节。

3.2 基坑

3.2.1 冠梁及混凝土支撑施工

冠梁钢筋

混凝土支撑施工

质量控制要点

1. 具体施工要求详见第1章钢筋工程及混凝土工程。
2. 必须在冠梁及第一道混凝土支撑达到设计强度(以同条件试块的强度为准)后方可进行基坑开挖。
3. 冠梁及第一道混凝土支撑可采用地模等方式浇筑,在开挖时应清理梁体上的附着物(模板、混凝土块等),以防脱落伤人。

3.2.2 基坑开挖

放坡开挖(无内支撑)

反铲接力开挖

分层分段开挖

伸缩臂抓斗开挖

绳索抓斗开挖

长臂挖机开挖

开挖坡度修整

纵坡控制

开挖中保护坑内降水井

预留30cm土层人工清底进行深度控制

复测基底标高

现场基底钎探

基底抗拔桩

质量控制要点

1. 基坑开挖方案应按建质〔2009〕87号文要求编制专项方案,进行专家论证及审批;基坑开挖严格按编制的基坑开挖方法组织施工,分层分段开挖。

2. 基坑开挖前应完善基坑周边排水设施,并配备应急抢险物资。

3. 坑外降水应在基坑开挖前15d开始降水,坑内疏干降水井应在基坑开挖前6个月开始降水。

4. 土方开挖至钢支撑设计标高下0.5m,将钢支撑架设完成或开挖至锚索设计标高下0.5m,锚索张拉完成,符合技术交底的质量要求;或上一层边坡支护完成。井点降水应使地下水位保持在基底以下0.5m。停止降水时必须验算涌水量和明挖隧道结构的抗浮稳定性,当不能满足要求时不得停泵。

5. 机械开挖的同时应辅以人工配合,基坑开挖到底时,应预留30cm人工检底,严禁超挖,保持坑底土体的原状结构,快速封闭底板。

6. 开挖过程中按设计要求进行基坑降排水,确保基坑的整体稳定;开挖如发现围护结构存在渗漏情况,采用注浆及时封堵,防止基坑失水而造成对周围环境的不利影响。

7. 开挖过程中,周期性地对桩位点和埋设的水准点进行监测,并通过监测的数据控制开挖,减少基坑的变形。

3.2.3 基坑边墙修整及堵漏

桩身凿平喷混凝土

墙体表面修整

渗水点注浆处理

质量控制要点

1. 外露物处理：对基面外露钢筋头、锚杆头、钢管头、锚杆钉头和钢纤维等尖锐物均要清除干净并进行防锈处理，并用防水砂浆抹平。

2. 平整度处理：对凸凹不平部位应修凿、补喷，使混凝土表面平顺；阴阳角处应做成 $R \geq 10cm$ 的圆弧形。铺设防水板的基层平整度应符合 $D/L \leq 1/6$ 的规定（D 为初期支护基层相邻两凸面凹进去的深度；L 为初期支护基层相邻两凸面之间的距离）。

3. 渗漏水处理：表面若有明水，应进行注浆止水。

4. 掉皮：凿出掉皮部分，并用防水砂浆抹平。

5. 杂物处理：用高压风清除表面杂物。

3.2.4 基坑支撑

钢支撑试拼装

围图支架安装（下托）

围图拉筋固定（上拉）

围图背后细石混凝土填充

支撑轴力的施加

钢支撑防脱落装置

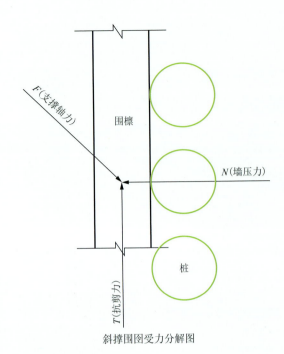

斜撑围囹受力分解图

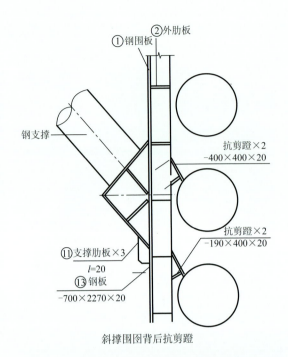

斜撑围囹背后抗剪蹬

围囹背后抗剪蹬

格构柱与联系梁

支撑与联系梁间抱箍

超长格构柱增设联系

支撑紧跟开挖面架设

开挖支护成型

质量控制要点

1. 钢支撑应及时架设，原则上应在下层开挖50cm后及时跟进架设。

2. 明挖基坑钢支撑在地面拼装，盖挖支撑吊装条件限制时可分节吊至坑内拼装；法兰连接螺栓力矩满足设计要求；拼装后两端支点中心线偏心不大于20mm，安装后总偏心量不大于50mm。

3. 按照设计图纸及固定端与活络端尺寸计算出支架标高，然后测量放线至网喷面控制点，安装三角支架，后架设钢围檩，将钢围檩与桩体进行刚性连接，背后按照设计要求用细石混凝土进行填充。

4. 钢支撑采用吊车或走行式龙门吊整体吊装到位，人工溜绳控制方位，专人指挥，确保缓慢稳稳落在托盘上，杜绝猛冲猛撞，杜绝碰撞已安装的钢支撑。

5. 采用配套液压千斤顶对钢管支撑活动端端部施加预加轴力，再用特种钢特制的楔形隼子塞紧，取下千斤顶。轴力分级施加，先施加至预加轴力50%，稳定30min后再施加至100%后楔紧，定期检测轴力变化并及时添加。

6. 钢支撑及钢围檩需采取软连接防脱落装置保护措施。在支撑上方围护桩上人工打设高强度膨胀螺栓，在膨胀螺栓上安设挂钩，在钢围檩上焊接吊环，挂钩与吊环之间用钢丝绳连接，形成软连接体系。

7. 加强监控量测，及时掌握支护结构的变形、围护结构及周围土体的沉降和位移情况，采取有效措施加以控制。

3.3 防水

3.3.1 防水卷材基面处理

基面抹平

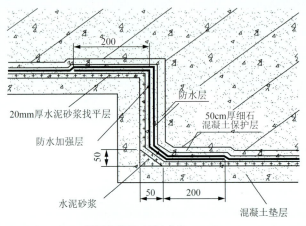

阴阳角处理（尺寸单位：mm）

阴角处理

基面平整，无渗漏水

卷材防水基面处理要求

1. 渗漏水处理：渗漏水应采用注浆堵水进行封堵，保持基面无明显渗漏水。

2. 突出物处理：对于基面外露的锚杆头、钢筋头等突出物应予以割除，并用砂浆抹平。

3. 平整度要求：基面应平整，无空鼓、裂纹、松酥，平整度符合 $D/L \leq 1/6$（L 为两凸面间距离，D 为两凸面间凹进去的深度）。

3.3.2 防水卷材铺设

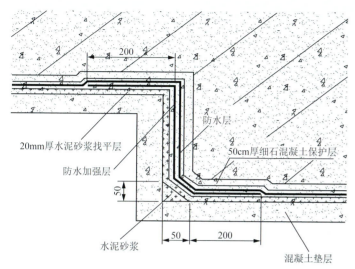

阴阳角处理（尺寸单位：mm）

转角附加层

防水卷材铺设

侧墙防水卷材铺设

卷材防水质量标准

1. 卷材防水层必须在基层面验收合格后方可铺贴，并在铺贴完毕经验收合格后及时施工保护层。

2. 防水卷材在阴阳角处、变形缝处、穿墙管周围必须铺设附加层。

3. 卷材铺贴长边应与结构纵向垂直，其两幅搭接长度应符合规定（搭接长度不小于100mm）。上下两层卷材搭接缝应错开1/2幅宽。

4. 卷材粘贴：底板底部卷材与基层面应按设计确定采用点粘法、条粘法或满粘法粘贴；立面和顶板的卷材与基层面、附加层与基层面、附加层与卷材及卷材之间必须采用满粘法粘贴。

5. 卷材应自平面向立面由下向上铺贴，其接缝应留置于平面上，距立面不应小于600mm。

6. 卷材应随胶粘剂边涂边贴，并展平压实，卷材之间以及与基层面之间必须粘贴紧密，粘贴缝粘贴封严。

3.3.3 刚性防水基面处理

切除钢筋等尖锐物

阴角处理

刚性防水基面处理要求

1. 基面应洁净,用高压水冲洗。
2. 基面必须坚实、平整,其平整度允许偏差为3mm,且每平方米范围内应不多于1处。
3. 基面阴、阳角处应做成直径100mm的圆弧或50mm×50mm的钝角。
4. 突出物处理:对于基面外露的锚杆头、钢筋头等突出物应予以割除,并用砂浆抹平。
5. 基面应干燥,含水率不宜大于9%。

对基面打磨清理

冲洗基面

清理积水

3.3.4 刚性防水施工

顶板聚氨酯防水涂料施工

卷材与涂料防水过渡

及时完成保护层施工

防水基面处理要求

1. 涂料应按设计或产品技术规定配制,每次配料应在其规定的时间内用完。
2. 涂布前应先在基面上涂一层与涂膜材料相溶的基面处理剂。
3. 涂料应分层涂布,并在前层干燥后方可涂布后一层。其涂膜厚度应符合设计规定。
4. 在防水施工完成验收合格后及时施工保护层。

3.3.5 细部防水

临时立柱防水图

施工缝处理

接地体周边防水

钢板止水带焊接

质量控制要点

1. 橡胶止水带的安装位置、固定方式、接头构造处理及施工缝处理，详见第2章2.5节防水施工。

2. 施工缝表面凿除清理情况、止水条敷设位置、固定方式、混凝土浇筑前是否有膨胀变形情况。

3. 穿墙预埋件周边应设止水法兰。

3.4 主体结构

3.4.1 钢筋

底板钢筋绑扎

底板预埋件安装

中柱钢筋预埋

侧墙钢筋

梁节点钢筋

柱钢筋

顶板钢筋（1）

顶板钢筋（2）

顶板钢筋（3）

质量控制要点

1. 具体详见第 1 章 1.3 节钢筋工程。

2. 钢筋品种、规格、级别、数量及性能符合设计要求，钢筋排间距、层间距、分布钢筋间距、保护层厚度满足规范要求且均匀一致。

3. 同排钢筋接头数量、内外层钢筋接头数量在同一断面内均不得大于钢筋总数的 50%。

4. 钢筋接头质量符合设计要求，预埋件位置准确。

5. 在钢筋上铺设走行板，以保证工作人员行走安全，同时避免直接踩踏钢筋。

6. 钢筋未通过项目质检工程师和监理工程师验收，不得进入下一工序。

3.4.2 模板及支架

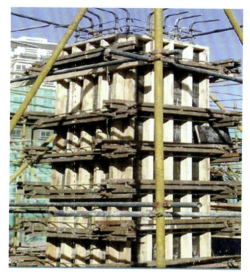
柱—钢木组合模板

柱—组合钢模板

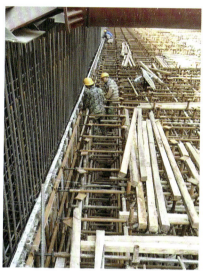
侧墙满堂红支架模板

单侧支架模板

地锚锁定

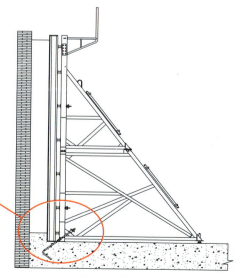
单侧支架模板示意图

中板模板

盘扣式脚手架

满堂红脚手架

满堂红脚手架

质量控制要点

1. 进场验收：应对模板及脚手架的外观尺寸、壁厚或单延米质量等进行验收，验收合格方可投入使用。

2. 支架及模板应按建质〔2009〕87号文要求编制专项方案和计算书，进行专家论证及审批。

3. 由测量组给出模板安装的控制线。

4. 支架检查主控项目为：剪刀撑、扫地杆、扣件或碗扣式脚手架的安装质量、纵横杆的间距等。

5. 模板检查主控项目为：模板几何尺寸、模板外观、支撑体系、垂直度、钢筋保护层厚度、预埋件、模板拼缝等。

6. 支架及模板未通过项目质检工程师和监理工程师验收，不得进入下一工序。

7. 在浇筑混凝土过程中，应安排专人进行检查及加固模板支撑体系。

8. 具体详见第1章1.4节模板及支架施工。

3.4.3 混凝土施工

采用梭槽浇筑混凝土

采用串筒浇筑混凝土

泵车直接泵送混凝土入模

汽车泵浇筑混凝土

质量控制要点

1. 合理安排混凝土浇筑时间,并提前通知拌和站。

2. 混凝土浇筑期间,现场质检工程师应旁站值班。

3. 按要求进行分层浇筑分层振捣,不得漏振、过振。

4. 浇筑混凝土时,混凝土的自由落体距离(混凝土出料口与浇筑面的距离)不得大于2m。

5. 现浇混凝土严格按照配合比进行,严禁随意加水调整混凝土坍落度。

6. 在浇筑混凝土过程中,应安排专人进行检查及加固模板支撑体系。

7. 浇筑混凝土时,应检查中埋式止水带的位置,保证止水带居中顺直。

8. 混凝土应连续浇筑。因故间歇时间应小于前层混凝土的初凝时间,因故中断浇筑时应设垂直于结构轴线的施工缝。

9. 冬季施工时,混凝土入模温度不低于5℃。

3.4.4 混凝土收面及养护

为保证平整度采用磨光机

人工收光

包裹塑料薄膜加强养护

包裹塑料薄膜加强养护

覆盖无纺布洒水养护，保持湿润

质量控制要点

1. 混凝土浇筑后，及时进行收面及养护。
2. 养护可采用覆膜、洒水等方式，冬季施工应采取保温措施。
3. 混凝土养护时间不得少于14d。
4. 做好成品保护，混凝土强度未达到2.5MPa（约12h），严禁踩踏或安装模板及支架。

3.4.5 盖挖逆作

型钢柱定位吊装

型钢柱施工

顶板支架施工

顶板钢筋施工

顶板土方回填

顶板下土方开挖

质量控制要点

1. 型钢柱应采用工厂加工,质检工程师驻厂检查加工质量,同时要求工厂对每条焊缝进行探伤检测,并提供原材料的质保证明、焊缝等级证明。

2. 型钢柱应尽量采取整根制作和吊装。

3. 型钢柱一般设计为一桩一柱形式,定位精度要求高,定位安装的工作台需要根据现场实际专门设计,设计的定位台架既要能固定型钢柱,又要能进行型钢柱精确校正,还要方便混凝土的灌注。

4. 为方便对型钢柱二次定位调整,混凝土中掺加缓凝剂,缓凝时间不少于4h。

开挖完成效果

中板地模施工

侧墙施工

质量控制要点

1. 为保证结构外观质量，顶板采用矮支架法，中板可采用地模法。

2. 立柱支模，根据工艺要求定制立柱钢模，施工前进行钢模试拼，消除拼装错台及施工误差，通过模顶预留斜口进行混凝土浇筑及振捣，加强施工过程控制，及时养护。

3. 侧墙支模，采用可移动式单侧支模台车，合理设置进料口及振捣口，加强浇筑过程控制，及时养护。

中立柱施工

完成的车站结构

第 4 章
盾构隧道

4.1 端头加固

4.1.1 端头加固施工准备

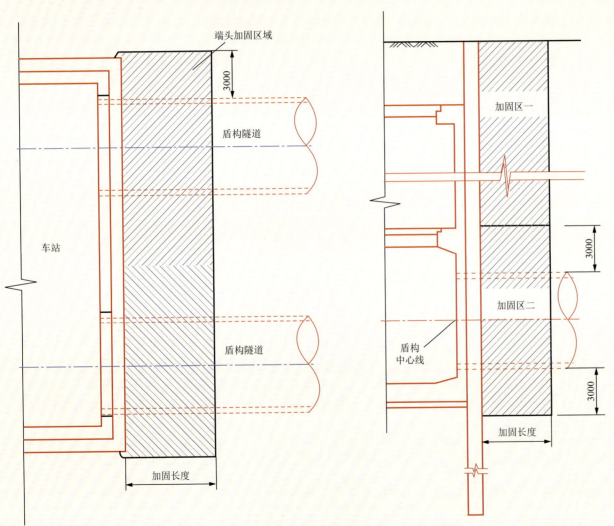

盾构端头加固示意图（尺寸单位：mm）

质量控制要点

1. 调查清楚加固范围内地下各种障碍物的情况，对管线进行必要的拆除和迁改，对附近的建筑物和管线做好保护措施。

2. 完成施工方案的编制审批，并进行交底。

3. 原材水泥的质量应符合设计及规范要求，进场必须见证并抽样做安定性、强度等试验，检验合格后方可进场使用。不合格或过期、受潮、硬化、变质的水泥，拒绝进场使用。

4. 合理布置施工机械、输送管路、施工用水和电力线路位置，确保施工场地的"三通一平"。

5. 根据基准点及施工要求，给出轴线水准点和桩位布置点。

6. 排污和灰浆拌制系统的设计，符合无公害排放要求。

4.1.2 加固方式

(1)高压旋喷桩

高压旋喷机械

高压旋喷施工

旋喷加固效果

质量控制要点

1. 旋喷桩施工前,应进行工艺性能试桩,以确定各项施工参数:水灰比、提升速度、旋转速度、钻杆喷嘴速度、泵压、每米水泥用量。

2. 钻机必须按设计桩位准确定位,允许偏差为100mm,尤其注意钻杆的垂直度控制在1%内。

3. 由于在桩身不同深处采用了不同的泵压、上升和下钻速度,操作人员应熟悉操作工艺,严格按深度采用不同的参数进行控制。

4. 浆液充分搅拌,搅拌时间少于15min的不得使用,超过初凝时间的浆液也不得使用。

5. 浆液经过两道过滤网的过滤,以防喷嘴发生堵塞;储浆桶内的浆液不间断搅拌。

(2)深孔注浆

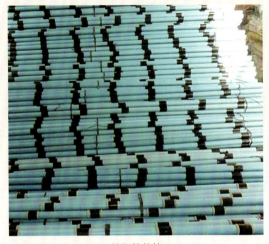
袖阀管外管

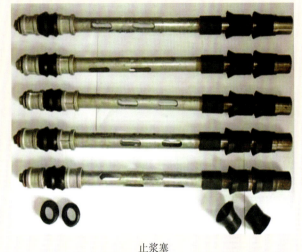
止浆塞

按设计参数成孔埋设袖阀管

项目名称	内容		备注
孔径	注浆孔 Φ91mm、袖阀管 Φ48mm		
注浆参数	水泥用量	150～200kg	每延米
	水玻璃	50kg	每延米
	泵压	1.5～2.5MPa	
	水灰比	1:1	
	套壳料重量比	1:1.5:2	需微调
	注浆量	30～40L/min	
	注浆次数	1	
	提管高度	300mm	

质量控制要点

1. 根据设计桩位现场测量放样布孔,检查钻机垂直度(对于垂直孔)和倾斜角度(对于斜孔),误差控制在1%内。

2. 套壳料按要求保证其强度,灌注时必须确保完全将泥浆置换。

3. 确保袖阀管管节连接可靠,避免套壳料进入袖阀管内。

4. 按要求拌制水泥浆,不得随意改变比例。

5. 施工中控制好参数及注浆步距,严密监视注浆压力和注浆量。

6. 注浆完成后及时清洗袖阀管,以备下一轮次注浆。为避免串浆,可采取连续注浆或跳孔分序注浆。

(3)三轴搅拌桩

质量控制要点

1. 工艺性试桩,确定技术参数,如钻进深度、输浆量、水灰比、掺入量、搅拌轴转速和提升速度。

2. 桩位质量:施工地面要求比桩顶高 500mm,按图放样并编号。

3. 施工中搅拌机底盘水平和导向架保持竖直,井架正侧面挂垂球,防止桩机倾斜,垂直偏差不得超过 1%,桩位的偏差不得大于 50mm。

4. 水灰比按质量计 0.45~0.55 之间,水泥宜采用 42.5R 硅酸盐水泥,按设计或工艺试验确定拌制,保证满足设计要求。

5. 制备浆液应不停搅拌,若离析或停置时间过长,浆液加筛过滤。

6. 用流量泵控制输浆进度,浆口压力 0.4~0.6MPa,搅拌机提升速度与输浆速度同步,及时检查钻头直径,磨损≤10mm。

7. 采用沿轴线纵向走机,桩间搭接时间不应超过 24h,如因故超时与第二根桩无法搭接时,在得到设计人员认可后,采取中间补桩及注浆措施。

（4）冷冻法

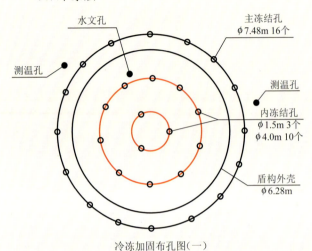

冷冻加固布孔图（一）

冷冻加固布孔图（二）

冻结施工冷冻管布置图

冷冻加固效果图

质量控制要点

1. 仪器精确定位，孔间距误差 ±20mm，准确丈量钻杆尺寸，控制钻进深度，测偏斜，若偏斜过大，进行纠偏，偏差超出规定，进行补孔。

2. 冻结管安装完进行水压试验，初压力 0.8MPa，观察 30min，降压 ≤ 0.05MPa 为合格，冷冻站安装完成后按规范要求进行试漏和抽真空，确保质量符合设计要求。

3. 按 1.5 倍制冷系数选配制冷设备，安装备用制冷机组，确保冷冻机运转正常，并配备备用电源。

4. 冻结运转过程中定时检测盐水温度、盐水流量和冻土帷幕扩展情况，运转正常后进入积极冻结。

5. 积极冻结过程中根据实测温度判断冻土帷幕是否交圈和达到设计厚度，测温判断冻土帷幕交圈并达到设计厚度后再进行探孔。

4.1.3 加固效果的检查

序号	加固方式	检测方式	检测数量	检测说明
1	旋喷	强度检测 防水检测	不少于桩总数量的1%且不应少于3根；水平孔均布端墙面9个	待所加固土体等强之后对其钻孔取芯,通过试验手段进行桩身完整性检测、桩身强度检测,确定28d无侧限抗压强度是否可以达到设计强度(1.0MPa)。采取随机钻孔取芯,取芯位置应处于旋喷桩咬合部位,取芯检测后必须对钻孔进行回填。从端头加固洞门处水平钻检查孔,钻孔深入加固体一定距离(2.0～3.0m),水平探孔应无漏浑浊水或漏砂现象为合格
2	注浆	防水检测 电阻法检测	水平孔均布端墙面9个	无论土体,浆液还是两者混合体都基本上符合欧姆定律。在体积相同条件下,土体的电阻最大,两者混合体的电阻次之,浆液的电阻最小。从端头加固洞门处水平钻检查孔,钻孔深入加固体一定距离(2.0～3.0m),水平探孔应无漏浑浊水或漏砂现象为合格
3	搅拌桩	强度检测 防水检测	不少于桩总数量的1%且不应少于3根；水平孔均布端墙面9个	待所加固土体等强之后对其钻孔取芯,通过试验手段进行桩身完整性检测、桩身强度检测,确定28d无侧限抗压强度是否可以达到设计强度(1.0MPa)。采取随机钻孔取芯,取芯位置应处于旋喷桩咬合部位,取芯检测后必须对钻孔进行回填。从端头加固洞门处水平钻检查孔,钻孔深入加固体一定距离(2.0～3.0m),水平探孔应无漏浑浊水或漏砂现象为合格
4	冷冻法	测温孔 水文孔	2～4个	确认冻土墙平均温度和帷幕达到设计值,并且冻土墙与地连墙界面温度不高于-5℃；水文孔无水渗漏

质量控制要点

1. 以上标准均为参考标准,应根据规范变化、业主要求等进行更新调整。
2. 项目试验室应对加固原材料见证取样送检并取得合格报告。
3. 强度检测由具备资质的检测单位或由业主指定单位进行。
4. 防水检测由具备钻孔施工资质的单位进行水平探孔,确保无渗漏浑浊水或漏砂现象。

加固体取芯试样

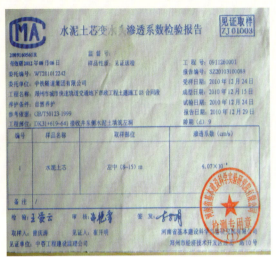
加固体无侧限抗压强度报告

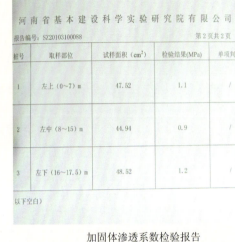
加固体渗透系数检验报告

水平检查孔布置

水平探孔检查加固效果

4.2 始发（到达）准备

4.2.1 施工降水

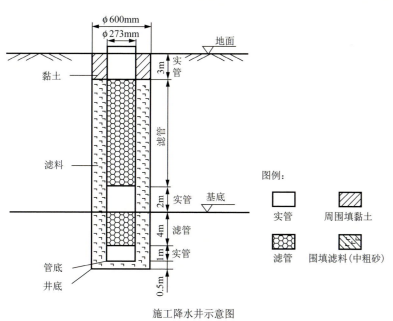

施工降水井示意图

抽水试验

质量控制要点

1. 在盾构隧道周边布设不少于 4 口降水井。
2. 降水井孔深比隧道底部深 3m，降水水位保持在隧道底部以下 1m。
3. 利用多孔抽水试验计算渗透系数以及影响半径；降水泵放置井底上 0.5m 处。
4. 通过抽水试验，确定降水井的降水能力与效果。
5. 从端头加固洞门处水平钻检查孔，钻孔深入加固体一定距离（2.0～3.0m），水平探孔应无漏浑浊水或漏砂现象为合格。

4.2.2 始发及接收基座

钢结构基座

混凝土基座

基座拼装

质量控制要点

1. 始发(接收)基座应有足够的强度和刚度,结构应经过受力验算。

2. 安装前要由测量组进行始发基座的精确定位,基座的轴线和标高位置按照预埋钢环位置确定,确保盾构机能顺利通过预埋钢环,并在基座导轨上涂抹锂基黄油脂,以利于盾构机的推进。

3. 始发(接收)台前端至洞门处应安装始发(接收)延长导轨。

4.2.3 始发反力架

始发反力架支撑设计

反力架支撑加固

始发反力架组装

质量控制要点

1. 反力架应有足够的强度和刚度，钢结构应经过有资质单位进行受力验算。

2. 反力架的左右立柱位置以及上下横梁的标高要经过测量精确定位，且反力架距洞门的距离应考虑0环负环管片的位置，满足设计对洞门结构的最小厚度要求。

3. 始发反力架底部支撑在混凝土基础预埋钢板上，支撑与反力架立柱焊接务必牢固，满焊反力架安装完之后进行复核，反力架背后支撑应按方案加固到位。

4. 推进过程中对反力架和车站结构进行监测，及时分析，确认位移在合理范围内。

4.2.4 止水帘幕橡胶安装

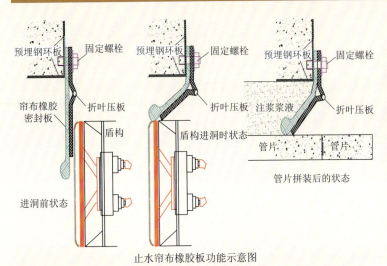

止水帘布橡胶板功能示意图

帘布橡胶板安装

钢丝绳折页压板形成整体

帘布橡胶板安装在预埋钢环内

质量控制要点

1. 安装帘布橡胶板时应分清始发帘布密封橡胶方向,鼓起末端朝向洞内,安装顺序由上向下进行,预埋螺栓与帘布橡胶板上孔位一一对应,注意吊装时对帘布橡胶板的保护。

2. 安装环形压板的顺序为先上后下,两边对称进行。扇形压板安装前检查每块板能否正常折动,折板长度是否能满足箍紧盾壳、管片的要求。全部安装好后,应对螺栓进行二次紧固。

3. 避免刀盘的刀头损坏始发止水装置,在刀头和洞口止水装置上涂抹黄油减小摩擦力。

4.2.5 洞门凿除

洞门混凝土凿除

洞门钢筋割除

质量控制要点

1. 洞门破除应分阶段、分层、分块进行,从外到里、先上后下、先中间后两边进行洞门凿除作业,注意洞门凿除后的轮廓应满足盾构始发要求,内层钢筋割除顺序为由下至上,洞门圈内不应有侵入刀盘轮廓线的钢筋。

2. 在洞门凿除后,应尽快用盾构刀盘支撑掌子面,以保证土体稳定。

3. 也可在洞门切削范围设置玻璃纤维筋替代钢筋,避免洞门被凿除。

刀盘切削玻璃纤维筋效果

洞门范围使用玻璃纤维筋

4.2.6 管片拉紧装置

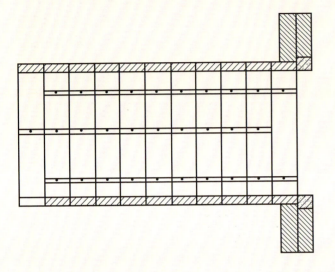
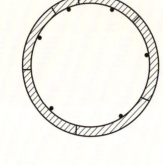

盾构管片拉紧装置

管片间扁铁拉紧装置

槽钢拉紧装置

钢丝绳管片拉紧装置

质量控制要点

1. 对成环管片连接螺栓予以复紧。

2. 盾构出洞时，为防止盾构推进油缸反力不足，将后 15 环管片拉紧，始发掘进拆除负环后，为防止负环管片拆除后洞门附近正洞的管片松弛，要将 0 环～+15 环管片拉紧。

3. 拉紧装置可采用管片螺栓安装钢板焊接纵向槽钢或采用扁铁＋木楔子等方式。纵向拉紧装置不少于 6 道，确保每块管片都有一道拉紧装置。

4.2.7 管片检验

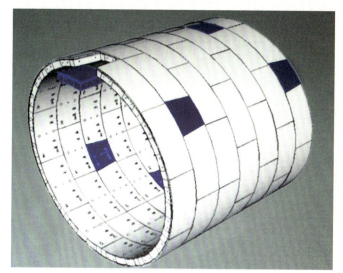
标准环管片

通用楔形管片

管片试拼装

管片检漏试验

管片抗弯试验

4.2.8 管片验收

管片进场验收

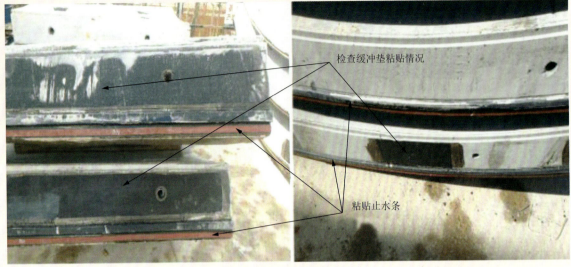

管片拼装前检查

管片出厂合格证

质量控制要点

1. 管片堆放高度不超过 3 层。

2. 管片进场验收,主要的检验项目有:管片出厂合格证是否齐全有效;管片标识(包括管片型号、模具编号、生产日期、生产厂家、合格状态)是否齐全和完整;管片是否有崩角、破损、砂眼或裂缝等;吊装孔螺栓孔是否完好,孔内是否有异物。然后由地面工程师对进场管片负责签收,并对每环管片做好标识,做到有据可查。

3. 管片拼装前检查,再次确认管片种类正确、质量完好无缺和密封垫黏结无脱落,管片接头使用的螺栓、螺母、垫圈、螺栓防水用密封垫等附件准备齐全后,才允许拼装。

4.3 盾构始发

4.3.1 负环拼装

涂抹盾尾油脂

负环拼装

负环外支撑

加固管片连接

质量控制要点

1. 负环管片尽量采用通缝形式拼装（通用型管片采用错缝拼装），便于后期拆除作业；0环~+3环管片采用正常的错缝形式拼装。

2. 拼装好的管片及时进行螺栓连接和复紧，脱出盾尾的管片及时采用木楔子、钢丝绳等进行支撑加固，大直径盾构负环管片外侧可预埋钢板，及时将预埋钢板采用工字钢焊接牢固，保证负环管片的圆整度。

4.3.2 盾构始发

盾构整体始发

盾构分体始发

盾构半环始发

质量控制要点

1. 盾构始发掘进时,注意观察反力系统支撑点的车站、盾构井主体结构的变化;土压平衡盾构在始发掘进段需通过管路注入膨润土或泡沫剂改良渣土;泥水平衡盾构通过泥浆循环注入循环泥浆。

2. 各掘进参数控制:

（1）土仓压力:盾构刀盘接触掌子面后,根据掘进速度,估算开挖量,逐步建立土仓压力至掘进设定值。

（2）泥水压力:根据计算值设置泥水压力,当洞门临时密封封水不理想时,可在刀盘推出加固区前适当降低泥水压力。

（3）推力:考虑反力架所能承受的推力,由 0 开始逐步增加,建议不超过设计值的 80%。

（4）扭矩:始发段掘进应保持较小的扭矩,扭矩波动值不超过 15 bar。

（5）刀盘转速:盾构刀盘距掌子面 20cm 时,开始转动,转速由 0 开始逐步增加,建议不超过 1 rpm。

（6）盾构姿态:始发段掘进严禁调整掘进方向,避免盾构姿态调整造成洞门密封失效。

3. 分体始发可根据盾构掘进距离,下放后配套拖车,改移管线,以满足盾构快速掘进的需要。

4.3.3 反力架拆除

拆除反力架背后支撑

反力架拆除吊装

质量控制要点

先拆除反力架支撑,再将反力架分解拆除后或整体吊运至地面进行拆除。应注意拆除临时安装在车站、盾构井主体结构上的钢板、膨胀螺栓,并对主体结构进行外观修补。

4.3.4 负环拆除

通缝拼装

质量控制要点

1. 负环管片拆除顺序应遵循先上后下的原则。
2. 负环管片拆除的顺序由反力架向洞门方向进行,环向拆除顺序为先上部三块同时拆除,再左右对称逐块拆除。
3. 采用标准环作为负环时,在拼装时,负环可采用全部拼装为 12 点位,以方便后期拆除。
4. 起吊钢丝绳,使钢丝绳处于拉直但管片不受拉力状态,起吊管片时,为避免管片摆动,应事先拉好风缆绳,减少摆动。

4.4 掘进控制

4.4.1 出渣量控制

掘进前对矿斗内的余渣量进行估算

掘进油缸行程至计划进尺中间段时核对出渣量

核对实际油缸行程与电子显示行程偏差

掘进过程中行程到计划位置时观测矿斗装渣情况

质量控制要点

1. 控制盾构出渣量是有效控制地层沉降和控制掌子面稳定的有效措施。

2. 根据隧道直径、地质情况适选取地层松散系数（一般为 1.2～1.5）计算每米或每环出渣量。

3. 始终遵守出渣量与盾构进尺相匹配的原则，严格地记录、监督，随时分析渣土性状、温度、渣土中各种岩土的比例及渣土含水率，不断总结出掘进进尺与出渣量的关系，及时调整出渣量。

4.4.2 同步注浆量控制

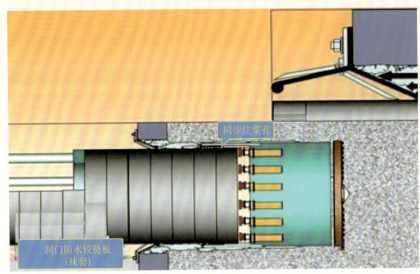

同步注浆示意图

具备出厂合格证和计量器具检定的地面拌和站

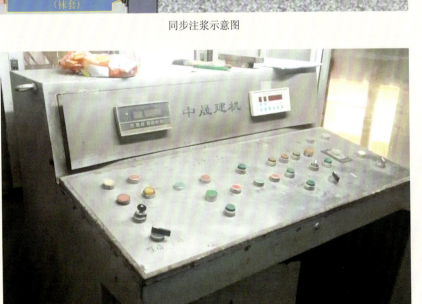

地面拌和站内水泥、粉煤灰、砂、水等数显设备

盾构注浆设备正常运转保养到位是保证注浆量的前提

运浆车到位后技术值班检查浆液质量和方量

注浆前设定每个泵机的泵击次数和注浆压力

不定时抽查同步砂浆输送情况确保注浆量

质量控制要点

1. 根据地质和掘进速度,通过现场试验配比来调整胶凝时间,同步注浆量,应根据地层条件、施工状态和环境要求,其充填系数一般取 1.3～2.0。

2. 浆液配合比严格按通知单配制,搅拌时间控制在 2min 左右。

3. 注浆由人工根据掘进情况调整注浆流量,防注浆速度过快,影响注浆效果,掘进稳定的情况下可由控制程序自动调整注浆速度,当注浆压力达到设定值时,自行停止注浆。同步注浆压力不得大于 4bar,以防破坏盾构尾刷。

4. 由管片衬砌变形和地面及构筑物变形监测结果,及时修正注浆量。

4.4.3 管片拼装

(1) 管片安装选型

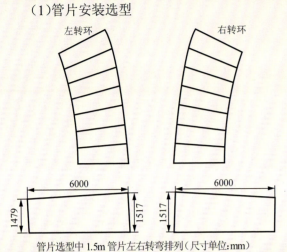

管片选型中1.5m管片左右转弯排列（尺寸单位：mm）

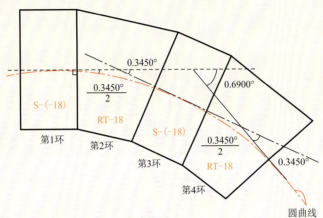

转弯环与直线环结合时管片轴线对线路轴线的修正

管片选型中盾尾与管片关系变化

盾尾间隙的测量

曲线上管片选型安装效果

质量控制要点

1. 根据线路、盾构机姿态和油缸行程，结合盾尾间隙使安装管片轴线尽量与设计线路和盾构机轴线拟合。

2. 选型要适合隧道设计线路，要适应盾构机的姿态。

3. 选型要综合考虑油缸推力的不均匀、主机的蛇行、已安装管片的沉降等因素造成盾尾间隙和油缸行程的不均衡进行管片纠偏。

4. 选型满足隧道转弯造成的超前量的需要，根据盾尾间隙、油缸行程和线路走向进行管片选型。

5. 需考虑盾构机主动铰接和被动铰接模式的影响。

（2）工序实名制

管片拼装实名制标示牌上墙

签名式管片拼装工序实名制

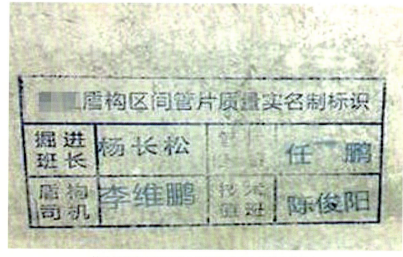

管片拼装实名制印章由当日完成人自行签认并检查

质量控制要点

1. 健全质量检查检验制度，强化施工过程中质量自控，达到出现问题追溯有源，处理问题追责有据的目的。

2. 坚持落实每环掘进"谁代班、谁推进、谁负责"的制度原则，掘进班长、管片安装司机、盾构主司机、值班工程师的工作都进行实名制登记。

3. 施工区域悬挂实名制标示牌，将工作时间、工作内容等都实行集体签字。

4. 建立实名制的长效机制，根据项目实际情况建立考核制度。

（3）人工复测管片姿态

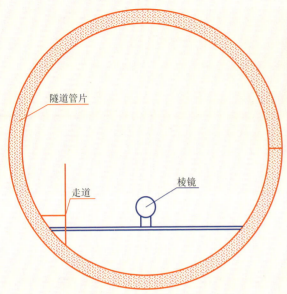

成型隧道中心轴线投影姿态测量示意图

人工复测管片姿态水平尺棱镜位置准确摆放

人工复测管片姿态水平尺和自加工3m铝合金刻度尺

质量控制要点

1. 复测范围包括最近3天已拼装成型的管片相对于设计线路轴线的水平、竖直偏差和管片实际里程。

2. 采用平尺测量管片中心坐标时，平尺一定要气泡居中，棱镜要放在平尺的正中间。

3. 复测使用仪器、棱镜和水平尺须由国家指定机构检测鉴定合格后使用。

4. 管片姿态复测控制点定时复测并保证精度，确保测量数据无误。

5. 及时计算管片姿态与设备自身导向系统显示姿态核对，如有偏差，分析清楚原因并及时更正。

(4)管片安装质量控制

在棚内粘贴传力衬垫和止水条

管片吊装

管片运至洞内技术人员对管片进行检查是否存在问题

冲洗管片上因掘进出渣溅上的泥渣及杂物

从底部开始第一块管片对接准确后拼装

管片安装中操作手和协作人员各方向检查拼接效果

技术值班人员对管片连接处采用水平尺检测

平顺检测合格后采用风动扳手对螺栓进行首次紧固

封顶块增加润滑措施后顶推到位,无错台及破损

在管片脱出盾尾后进行螺栓复紧、错台检查,分析原因更正

曲线段盾构管片拼装效果

质量控制要点

1. 管片吊装孔、管片表面、止水条清理、盾构机盾尾内清理,每环管片的第一片与上一环管片的对位必须准确。

2. 管片安装前检查发现问题应及时处理,管片型号不正确的必须更换,防水材料损坏应进行修复。

3. 安装必须先从底部开始,左右对称安装。

4. 安装时必须用微调装置将内弧面纵面调整到平顺相接以减小错台,避免碰撞破损。

5. 落实螺栓三次复紧制度(第一次:管片拼装中第一次紧固;第二次:管片拼装结束第二次紧固;第三次:管片出盾尾位置后第三次紧固)。

4.5 联络通道

4.5.1 预留洞门管片

联络通道位置确定并安装特殊混凝土或钢结构管片

洞门管片拆除一块后检查地质情况稳定后继续拆除

钢管片预留洞门清理、螺栓拆除

质量控制要点

1. 根据隧道线路设计要求准确计算联络通道中心轴线位置里程,并在计算里程处安装特殊设计混凝土管片或钢结构管片。

2. 预留洞门处采用通缝拼装管片,满足割除或拆除时受力的要求。

3. 根据联通通道设计准确放样洞门并切割或拆除,遵循先上后下的原则,一块一块依次取出。

4. 严格遵循"检查加固、先上后下、边拆边查"的原则。

4.5.2 联络通道前后盾构隧道加固

（1）预应力支撑环加固

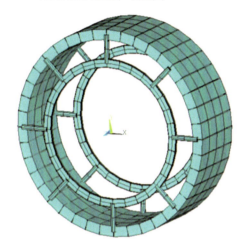
预应力支撑环效果图

进场具备产品合格证书的液压油缸

油缸与支撑环连接位置准确定位

联络通道前后盾构隧道预应力支撑环安装

质量控制要点

1. 按设计要求加工油缸基座，并焊接牢固。
2. 油缸端部与支撑环基座必须焊接，并保证其强度可靠。
3. 为保持型钢与管片较好接触，避免损坏管片，在接触位置垫设钢板或方木。
4. 根据隧道管片收敛和支撑轴力监测预应力支撑环受力情况，分析是否需要采取措施。

(2)型钢支撑加固

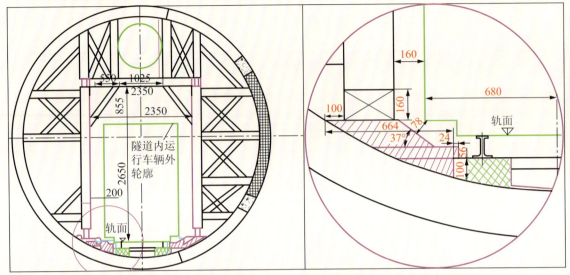

联络通道前后盾构隧道加固型钢支撑设计

隧道型钢支撑基座、横撑和立柱连接

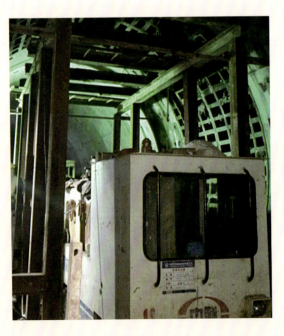

质量控制要点

1. 进一步紧固隧道管片连接螺栓,确保管片间连接紧密,支架架设于每环管片的中部,纵向间距1.5m。

2. 底座需定位加固焊接,防止坍塌变形。

3. 对前后4环进行支撑,确保每处受力都均匀,连接处用螺栓紧固,必要的进行焊接。

4. 为保持型钢与管片较好接触,避免损坏管片,在接触位置垫设钢板和方木。

4.5.3 联络通道土体加固

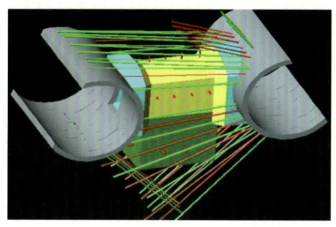

深孔注浆加固

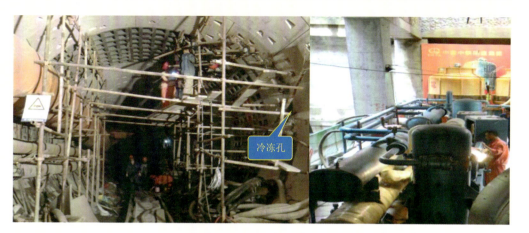

联络通道冷冻法施工(机组设置在车站)不影响隧道内运输

联络通道冷冻法施工(机组设置在隧道内)

4.5.4 联络通道施工

联络通道开挖具体见第 2 章。

联络通道衬砌具体见第 1 章第 1.3 ～ 1.5 节钢筋、模板及混凝土施工。

第 5 章 顶 管 施 工

5.1 管节预制施工

5.1.1 场地布置

管节预制场地布置

管节蒸养设备

质量控制要点

1. 管节预制场地布置要合理、规范,减少各工序之间的干扰且方便管节吊装、运输。

2. 管节预制在冬季时,需按照规范、要求做好冬季施工的相关工作,蒸养棚的设计须按照方便施工、密闭性好、节约材料等方面考虑,蒸养设备的蒸汽发生量应与蒸养棚内需要的蒸汽量相匹配。

3. 管节吊装设备的选型应考虑安全、方便、便于移动等方面。

4. 管节存放的方式综合考虑安全、施工是否方便、管节强度和场地等原因决定水平放置管节,管节存放4个小平台之间的相对高差不大于5mm且管节存放时需在平台面垫上1cm厚的橡胶垫。

5.1.2 预制施工

管节预制模板拼装完成

钢筋笼定位架

钢筋笼加工完成

钢筋笼吊装入模

质量控制要点

1. 模板：安装工艺、精度满足施工工艺要求，需保证强度、刚度，满足连续施工的外形控制要求，安装应牢固、不漏浆、板面干净且脱模剂涂刷均匀。每预制5环管节需校正一次模板。

2. 钢筋：钢筋由于需要二次吊装入模，应保证钢筋笼的整体性和刚度。在拉筋上下节点处都应绑扎；墙、板筋骨架中各垂直面钢筋网交叉点应全部绑扎。

承口钢环、吊装孔、钢滑槽定位安装

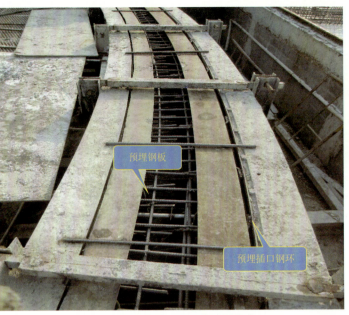

插口钢环、首节管节预埋钢板定位安装

预埋DN25减摩注浆管

预埋DN50二次注浆管

质量控制要点

1. 管节的预埋件较多,有吊装孔、DN25减摩注浆孔、DN50二次注浆孔、DN100二次注浆孔、钢滑槽、管节承插口钢环6类,在技术交底中应注明。

2. 管节预埋件应安装准确、牢固、种类数量满足设计和施工要求。

3. 预埋管件安装应做好堵头,防止混凝土浇筑时水泥浆进入预埋件。

4. 贯通管节的预埋件中部需焊接止水钢板。

混凝土浇筑　　　　　　　　　　　　　　　　管节蒸养

质量控制要点

1. 混凝土施工总体要求：混凝土需连续浇筑；施工时注意检查模板，不得跑模、漏浆，按规定检查混凝土参数，制作各种试件，浇筑时遇天气变化、断电、机械故障时，应做好应急措施。

2. 混凝土应振捣密实、不得漏振，振捣时注意保护预埋件不得改变其位置。

3. 混凝土蒸养共分为4个阶段进行：静养期→升温期→恒温期→降温期。

静养期：混凝土浇筑后进行收面，收面次数不少于6次，此阶段为静养期。静养期时间≥10h，同时，保证棚内环境温度不低于15℃。

升温期：混凝土终凝后，并完成最后一次收面工作后，开始进入升温阶段，升温期环境温度按≤5℃的速率进行，同时，观察环境温度与混凝土内部温度差值≤25℃，升温期时间为≥10h，并保证升温期结束后温度≤50℃。

恒温期：恒温期时间≥4h，恒温期温度控制在45~50℃以内，恒温期阶段每隔2h进行管节混凝土强度回弹，管节混凝土强度达到65%以上时，进行降温。

降温期：降温期时间≥12h，降温期共分2个阶段：一是混凝土带模降温，二是混凝土脱模降温。降温期降温速率≤5℃，并且脱模时，混凝土表面温度与环境温度≤20℃方可拆模。模板拆除完成后，继续进行降温，当蒸养棚内环境温度达到25℃时，停止蒸汽机蒸养措施。管节起吊前，混凝土强度必须达到75%，同时保证环境温度与表面温度≤20℃、内部温度与表面温度≤25℃，满足两个条件后，方可移动蒸养棚，并启动吊装作业。

5.1.3 管节吊装及存放

管节脱模

管节吊装

管节堆放

质量控制要点

1. 管节预制允许误差如下。

序号	项 目		允许误差 (mm)
1	单节预制允许误差	管节净空尺寸	±2
2		管节厚度	±1
3		管节长度	±5
4		上下平面矩形外框对角线	±3
5		侧向平面与上下平面的垂直度	±2
6		管节接头尺寸	±1
7		管节预埋件定位尺寸	±1

2. 管节存放应选择地基坚固、地表平整、不易积水的地方。

5.2 隧道端头加固及降水

隧道端头加固及降水参见第 4 章。

5.3 始发准备

5.3.1 始发基座及反力墙

始发基座

反力墙背面

反力墙正面

质量控制要点

1. 始发基座及反力墙应有足够的强度和刚度，受力结构应经过受力验算。
2. 安装前要由测量组进行始发基座的精确定位，始发基座的轴线和标高位置按照预埋钢环位置确定，并在始发基座导轨上涂抹锂基黄油脂，以利于盾构机的推进。
3. 靠近洞门处钢轨标高抬高 1cm，保证顶管机抬头进洞；始发(接收)台前端至洞门处应安装始发(接收)延长导轨。
4. 顶进过程中反力墙和结构进行实时监测，及时分析，确保变形在合理范围内。

5.3.2 顶管机组装

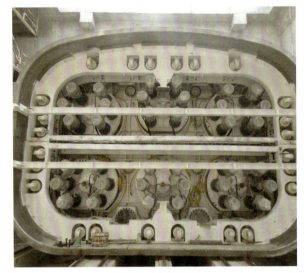
前盾上下壳体组装

螺旋机安装

后盾上下壳体组装

刀盘安装

前尾盾合龙

主顶油缸组装

注意事项

1. 顶管机组装顺序：基座导轨和顶铁→液压泵站→后靠板→油缸架→前盾下壳体→前盾上壳体→后盾下壳体→螺旋机→后盾上壳体→刀盘。
2. 顶管机吊装前，复测始发基座轴线、标高等是否符合要求。
3. 吊装所用吊机、吊具、吊装方式严格按照施工方案进行，起吊物件应有专人负责，统一指挥，指挥手势要清楚，信号要明确，不得远距离指挥吊物；吊装时必须先试吊，设定吊装区域，用红白带隔离，不得在底下从事错层作业。

5.3.3 止水帘幕橡胶安装

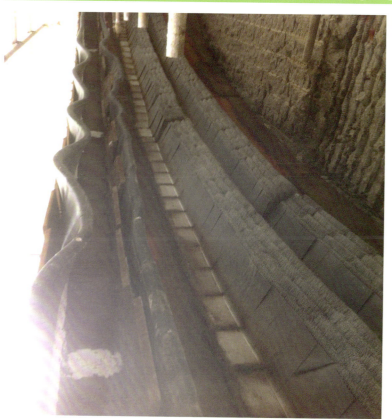

帘布橡胶板和钢丝刷安装

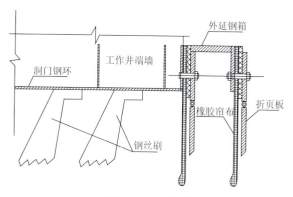

洞门防水安装示意图

质量控制要点

1. 钢丝刷应按照先后顺序逐个安装且钢丝刷后侧铁板必须卡紧，钢丝刷位置必须安装准确；洞门上部钢丝刷安装、焊接时要注意保护下部已经焊接完成的钢丝刷，不得使杂物进入钢丝刷内。
2. 洞门防水密封施工前，先检查材料的完好性，尤其是帘布橡胶是否完好，径向尼龙线密集排列和螺栓孔是否完好。
3. 外延钢箱、橡胶帘布安装完成后，螺栓必须进行二次紧固。
4. 外延钢箱安装时不得侵入洞门净空。

5.3.4 洞门凿除

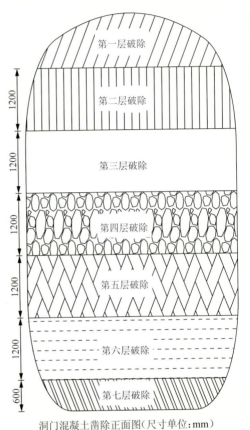

洞门混凝土凿除正面图(尺寸单位:mm)

洞门破除完成

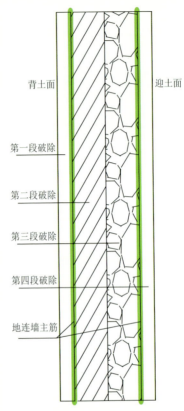

洞门混凝土凿除剖面图

质量控制要点

1. 洞门破除应分层分段、从背土面到迎土面、先上后下进行,迎土层钢筋割除顺序为由下至上。
2. 洞门破除后的轮廓应满足顶管始发要求,洞门圈内不应有侵入刀盘轮廓线的钢筋。
3. 洞门破除完成后,应尽快将顶管机刀盘抵至掌子面,以保证土体稳定。
4. 洞门破除时注意保护钢丝刷和外延钢箱。

5.3.5 管节验收及翻身

管节试拼装

管节翻身

管节翻身后存放

质量控制要点

1. 管节翻身流程：管节水平吊装至翻身架→管节水平翻转180°→管节水平吊至地面→管节防水材料安装→管节二次水平吊装至翻身架→管节水平翻转90°→管节竖向吊至场地堆放。

2. 管节翻身架、吊具均须经过验算，确保其强度、刚度、稳定性满足翻身及吊装要求，并进行定期检查。

3. 触变泥浆注浆管、弹性密封垫、楔形密封圈和管节间衬垫安装必须准确、牢固，聚硫密封胶嵌缝必须完整、饱满，硅油涂抹必须均匀、完整，所有防水完成后及时组织验收；管节二次水平吊装至翻身架以后采用水泥砂浆封堵水平吊装孔。

4. 管节吊装、翻转作业半径内严禁站人或交叉作业。

5.3.6 顶管机调试

主顶油缸调试

刀盘调试

配电系统调试

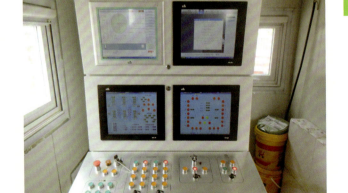
上位机控制系统调试

质量控制要点

1. 液压质量控制：确保管线制作和连接时的清洁；油水检测；液压等线路上的压力检测等。

2. 安装精度质量控制：根据设计图纸，对应公差允许范围要求，使用卷尺、千分尺、塞尺、水平仪等对相应尺寸进行测量检测，保证误差在公差允许范围之内。

3. 电气质量控制：检测电器部件运转电流、电压是否在正常范围内；确认所有检测、控制、连锁、显示、记录、分析等功能的实现。

5.4 顶管始发

顶管机空推进洞门

止退架安装

止退架加固

顶管始发

质量控制要点

1. 顶管机空推：

（1）完成轴线及顶管机初始姿态量测；

（2）洞门圈钢丝刷内部填充手涂油脂，洞门外延钢箱、顶管机机头及轨道涂抹黄油，用于减阻及减小对帘布橡胶的摩擦；

（3）顶管机下部焊接定位钢板，钢板距离轨道5mm，两侧各焊接3道，防止顶进初始发生偏移；

（4）对称、缓慢启动上下左右4台千斤顶，确保初始受力均匀，时刻观察限位钢板牢固性，缓缓通过外延钢箱，使折页板向内翻紧贴机身；

（5）当盾体完全压住洞门圈钢丝刷和洞门外延钢箱后，分别向两道钢丝刷腔体和外延钢箱内注入盾尾油脂，钢丝刷腔体注入压力控制在20MPa左右，外延钢箱注入压力控制在2MPa以内，并在外沿钢箱顶部开孔观察油脂注入情况。

2. 管节止退架宜选用挡板式止退架；架体需经过验算，确保其强度、刚度、稳定性符合要求。

3. 止退架安装必须严格控制止退架标高、距离和轴线，确保其安装精度控制在5mm以内。

4. 各掘进参数控制：

（1）顶进速度：控制在 5～10mm/min；

（2）刀盘转速：设定 0.5～0.8r/min；

质量控制要点

（3）土仓压力：正面土压力设定 0.06～0.1MPa，使刀盘前方地表略有隆起，隆起值控制在 2～3mm 为宜；

（4）推力：根据顶进距离和渣土改良效果，推力逐渐平稳增加，建议不超过理论顶推力的 90%；

（5）顶管姿态：在定位时，要严格控制始发基座、后靠背的安装精度，确保土压平衡矩形顶管机始发的轴线与设计线路重合；始发段掘进严禁调整掘进方向，避免顶管机姿态调整造成洞门密封失效；

（6）渣土改良：通过管路注入清水、膨润土或泡沫剂改良渣土，渣土呈现牙膏状，且具有较好的塑性、流动性和止水性。

5.顶管机始发顶进时，监测后靠墙及反力系统支撑点结构的变化；根据顶管顶进距离，将泡沫系统、变压器、配电柜、空压机等辅助设备移至隧道内，以满足顶管快速掘进的需要。

5.5 顶管掘进

5.5.1 姿态控制

左右螺旋机均衡出土　　　　　　　　　　　测量导向控制系统

启动铰接油缸进行纠偏

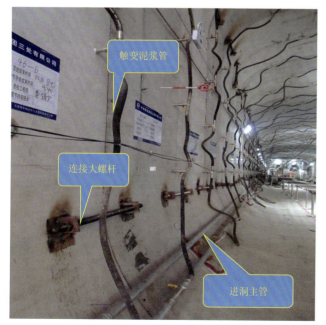

洞内管路布置

质量控制要点

1. 施工区域悬挂实名制标示牌，将工作时间、工作内容等都实行集体签字，由顶进班长、值班工程师、质检工程师都进行实名制登记。

2. 顶管机采用激光制导的方法进行推进导向，该系统在顶管机内设置激光靶，洞口始发井处设置激光全站仪，为保证推进方向的准确可靠，拟每2环进行一次人工测量，以校核测量系统的测量数据并复核土压平衡矩形顶管的位置、姿态，确保土压平衡矩形顶管推进方向的正确。

3. 顶管顶进过程中，采取满仓掘进，经过改良后土体充满整个土仓。

4. 根据隧道尺寸、地质情况适当选取地层松散系数（一般为1.2～1.5）计算每米或每环出渣量。

5. 始终遵循出渣量与顶管进尺相匹配的原则，严格记录、监督，随时分析渣土性状、温度、渣土中各种土质的比例及渣土含水率，不断总结出掘进进尺与出渣量的关系，及时调整顶进参数和出渣量。

6. 管节拼装完成正常顶进后，开始相邻管节之间大螺杆连接的安装并拧紧螺栓，随着顶进应定期紧固螺栓。

7. 如果顶管机在顶进过程中出现偏离轴线，可以采用铰接、主千斤顶、双螺旋机出土、注浆、刀盘旋转等进行纠偏；纠偏时要做到勤测、勤纠、微纠并遵循"先纠标高，后纠中线，小角度连续纠偏"的原则。

8. 顶管机正常掘进后的顶进速度、刀盘转速、土仓压力、推力、渣土改良等参数根据始发阶段的各参数统计可适当调整优化掘进参数。

9. 顶管在顶进过程中尽量减少停机次数和时间，如停机应隔一段时间转动一次刀盘且对所有管节进行补浆，并向顶管机下部注入惰性浆液，然后根据土压判断是否向前顶进1～2cm进行保压。

5.5.2　地面沉降控制

路面及管线沉降监测

对地面沉降处打泥

质量控制要点

1. 控制顶管出渣量是有效控制地层沉降和控制掌子面稳定的有效措施。
2. 设置专职人员对隧道地表进行沉降监测，将监测数据及时、准确地反馈给顶管施工工作面。
3. 根据地面隆陷值及时调整土压平衡设定值，控制好土仓压力，加强出渣管理，防止超挖和欠挖，减少对土体的扰动，使顶管机快速均匀、连续推进。
4. 如果地面沉降过大，通过管节顶部设置的 DN100 注泥孔，采用打泥泵注泥对地面进行及时填充，减少沉降。

5.5.3 触变泥浆控制

触变泥浆注入示意图

触变泥浆拌制效果图

质量控制要点

1. 顶管施工使用的触变泥浆应具有塑性、流动性、止水性等特性。
2. 现场顶管顶进过程中对触变泥浆的性能指标要求为:pH 值 8～10、黏度 75s±5s、相对密度 1.02～1.10、含砂率＜1.0%。
3. 触变泥浆注浆方式遵循"先压后顶,随顶随压,及时补浆"的原则,要以同步注浆为主,补浆为辅;且触变泥浆应提前拌制,以便膨润土充分膨化。
4. 在管节触变泥浆注浆孔外侧设置一个单向阀,使注浆管外的土不能倒灌而堵塞注浆孔。
5. 触变泥浆的注浆量,可按照管道与其周围土层之间的环状间隙体积的 2～3 倍估算。
6. 注浆压力 P 在施工现场也可以取 $P=(2～3)\gamma H$（其中:γ——土的重度,H——管道顶部以上覆盖土层的厚度）。
7. 在注浆过程中,应根据推力变化,及时优化泥浆配合比,调整注浆量和注浆压力等工艺参数。

5.5.4 管节拼装检验

管节下井拼装

检查管节拼装情况

检查管节拼缝处

管节拼装完成

质量控制要点

1. 每环管节安装流程：管节顶进就位→安装止退销→回收千斤顶、拆除管线→吊放管节→管节定位、合拢→拔除止退销、安装管线→回复顶进。

2. 管节下井前需进行检查验收，发现问题及时处理，防水材料损坏、管节破损需进行修复。

3. 管节吊装作业由专人指挥，下井应缓慢、平稳，不得大幅摆动、冲撞井下其他设备。

4. 管节拼装时采用上下左右各两个千斤顶同时顶进且随时关注左右和上部的楔形橡胶密封圈情况，如果出现翻转应拔出重新安装。

5.6 顶管接收

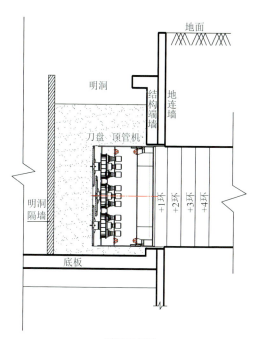

明洞示意图

顶管机到达明洞

隧道固结注浆

隧道贯通

质量控制要点

1. 根据顶管顶进施工情况,顶管机距离接收井洞门10环(15m)作为顶管到达接收段,开始准备顶管到达接收内容事项。

2. 明洞内回填应采用强度低、防水性好、便于施工的材料,回填范围、高度根据水文地质情况确定。

3. 明洞回填前应对洞门位置、标高等有关接收的数据全部复测完成,顶管机到达接收范围前,对顶管机姿态进行复测,将复测结果与接收洞门数据进行对比、模拟及时进行姿态纠偏,确保顶管机安全出洞。

4. 顶管机到达停机位置后,紧固所有管节的连接螺栓。

5. 隧道固结注浆施工前,应提供使用材料材质检验报告并报验、送检,合格后方可使用。

6. 隧道固结应先采用双液浆固结洞门两端,再采用水泥浆固结中间部位。

7. 注浆过程中,应严格控制注浆量、注浆压力,试验室应随时对试验参数进行检查,优化试验结果;并加强地表巡视及监测。

8. 固结注浆时,应严格达到以下标准后方可停止注浆:

(1)注浆压力和注浆量满足方案和设计要求后停止注浆;

(2)在注浆压力超过设计值且注浆总量已达到设计值的75%即可停止注浆;

(3)达到上述标准后,应加强地表巡视及监测,直到管节拼缝处无渗水及地表隆沉稳定方可终止注浆。

9. 顶管机尾盾与首节管节分离完成后,立即组织用钢板封堵管节与洞门钢环之间的缝隙,不得让缝隙长时间暴露。

第 6 章
沉管施工

6.1 沉管管节预制

6.1.1 坞底起浮层

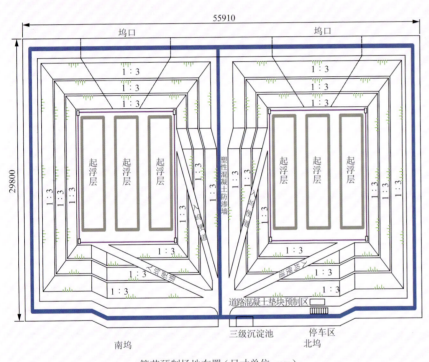

管节预制场地布置（尺寸单位：mm）

干坞基底排水系统及起浮层施工

质量控制要点

1. 管节预制场地布置要合理、规范，且运输方便，避免材料、设备二次倒运。
2. 预制管段基础平整，平整度满足预制管段需要（钢筋混凝土梗梁不超过 ±5mm，碎石层不超过 ±10mm）。
3. 采用过水式过滤槽作为起浮层。

6.1.2 防水底钢板

防水底钢板除锈、拼装

防水底钢板涂刷无机富锌漆

防水底钢板焊接

防水底钢板焊缝无损检测

质量控制要点

1. 吊装前,防水底钢板底面应彻底清理,清理毛刺、铁锈、油污及其附着物。

2. 防水底钢板底面应防腐,涂刷无机富锌漆两道,防腐涂层厚度满足要求。

3. 吊装时应采取可靠措施,防止发生永久变形,吊装后防水底钢板每延米的平整度小于5mm。

4. 焊接时,为避免受热变形、鼓包,采用间隔跳焊、错缝焊接、钢压块压紧焊缝部位、回火矫正等方式,最大程度降低钢板的残余应力及变形。

5. 焊缝等级为二级,采用超声波探伤仪进行焊缝检测。

6.1.3 主体结构钢筋

顶板马凳筋定位布置

底板钢筋绑扎

混凝土保护层控制

钢筋接头错开35d

侧墙钢筋临时固定

顶板钢筋绑扎完成

质量控制要点

1. 具体详见第1章第1.3节钢筋施工。
2. 钢筋未通过质检工程师和监理工程师验收,不得进入下一工序。

6.1.4 模板

液压自行式侧墙模板就位

底板内腔体组合模板安装

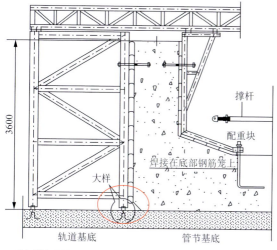

外侧模板排架与轨道基底连接示意图(尺寸单位:mm)

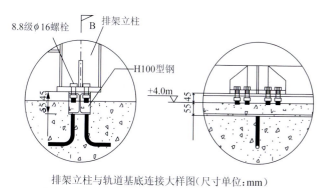

排架立柱与轨道基底连接大样图(尺寸单位:mm)

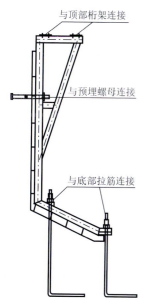

内模增设防起浮拉筋

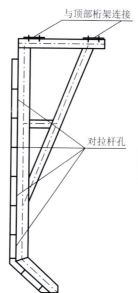

中墙采用对拉杆固定

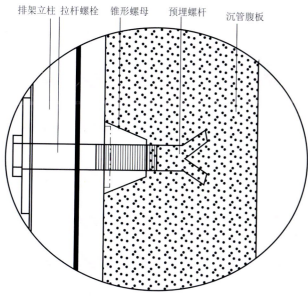

外侧模板增设预埋螺杆,用于顶板外模固定

端头模板安装

内模液压模板台车就位

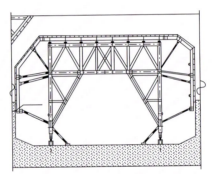
内模液压模板台车示意图

自行式模板外侧排架就位

外侧模板垂直度校核

内腔模板台车就位测量

质量控制要点

1. 高大模板及脚手架支撑体系（高度大于5m或跨度大于10m）应按危险较大的专项分部分项工程编制专项施工方案，并按要求完善评审及审批手续。

2. 组合钢模、台车等进行工厂内组装验收，进场后应进行现场拼接和验收，验收合格后方可投入使用。

3. 应保证管段预制结构尺寸及精度要求，测量组及时给出模板安装的控制线。

4. 模板验收项目：液压系统操作是否灵敏，液压系统有无漏油；行走系统工作情况是否正常，灯光是否齐全，安全措施是否满足生产要求；电线路布设是否合理、安全，电器运转是否正常；断面尺寸与设计尺寸偏差是否符合要求，模板面平整度，是否严密，错台情况等。

5. 关模前，检查预埋件、预埋孔洞等是否遗漏。

6. 模板未通过质检工程师和监理工程师验收，不得进入下一道工序。

7. 模板安装和浇筑混凝土时，应对模板及其支架进行观察和维护，尤其堵头模位置，发生异常情况时，应及时进行处理。

8. 承重模板拆装时，混凝土强度必须达到设计强度的100%，方可脱模。

9. 钢模板和配件拆除后，应及时清除黏结的砂浆杂物，板面涂刷防锈油，对变形及损坏的钢模板及配件，应及时整形和修补。

10. 具体详见第1章第1.4节模板及支架施工。

6.1.5 预埋件

PC 拉索组件组装

PC 拉索预埋件准确安装

垂直钢剪切键预埋件准确安装

管顶舾装件预埋件安装

顶板上部牛腿预埋件安装

各类预留预埋管线安装

质量控制要点

1. 对涉及的各种预埋件，应在施工前，将各分段所用到的预埋件类型、数量进行统计，提前加工、储备，并对加工的各种预埋的尺寸等进行复核，保证加工精度。

2. 预埋件与施工缝及预留孔洞距离不足 500mm 时，需进行相应的调整，以使满足预埋件安装时的操作空间。

3. 预埋件、预留孔洞位置以及中心线及实测标高进行控制，各种预埋件、预留孔洞应分类、编号、标识，安装允许偏差符合设计规定。

4. 各类预埋件的防腐措施应符合设计要求，并做好成品保护，并按种类分别存放并标注使用部位，禁止挪用。

5. 预埋件种类较多，为防止预埋件错安、漏安，指定技术人员专人负责，详细绘制预埋件具体位置展开布置图及大样图，采用列清单法，一一对照安装、检查、复查，及时了解施工情况，及时安装预埋件。

6. 浇筑混凝土时，应有专人对各预埋件位置进行指挥，防止混凝土或振捣棒冲击。在混凝土浇筑初凝前复核预埋位置，如有偏差，则进行调整。

6.1.6 大体积混凝土浇筑

混凝土配合比验证—试浇块

自建拌和站供应混凝土

冷凝水机组生产拌和用水

混凝土重度性能检测

混凝土入模温度检测

冷却水管布设

双泵车对称浇筑顶板混凝土

分层分段混凝土振捣

测量浇筑混凝土厚度

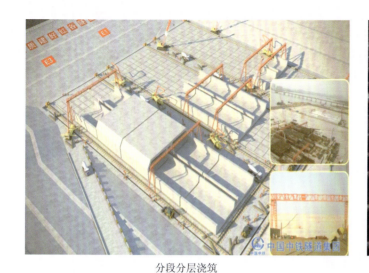
分段分层浇筑

循环冷却水

自动测温

设置后浇带

质量控制要点

1. 混凝土浇筑应在室外气温较低时进行，混凝土入仓温度不应超过30℃，出机温度：≤28℃。

2. 夏季温度较高时，采用"堆场初冷＋冷水拌和"的集料预冷方案，集料初冷用水采用冷却塔生产，混凝土拌和用冷水可采用冷水机组生产，拌和用水温度≤5℃。

3. 管段预制分施工段，每施工段分二次浇筑，分层、分段连续浇筑分层振捣，不得漏振过振，严格控制下料高度。

4. 采用设置后浇带分期浇筑的方式，减小结构混凝土自收缩及避免结构不均匀沉降引起裂缝。

5. 侧墙间距1.0～1.2m共埋设4排冷却水管，安装完成后与冷却水循环系统相接，控制侧墙混凝土内外温差。

6. 温控系统自动测温，采用铜—康铜热电偶温度计，将现场的混凝土温度变化值数据输入计算机进行处理、分析，为监测每节混凝土沉管浇筑块体内部温度变化，验证混凝土温控措施的实际效果，及时发现问题，指导结构段混凝土的温控、防裂及拆模提供实测数据。

环向橡胶止水带接头热熔焊接

水平镀锌止水钢板焊接

施工缝涂刷水泥基渗透结晶防水涂料

混凝土二次收面压实

板面蓄水养护

侧墙土工布覆盖,自动喷淋养护

冬季板面保温、保湿养护

底板覆盖塑料薄膜蓄水养护

质量控制要点

1. 配合比满足设计强度、抗渗等级、设计重度,重度偏差在设计允许范围等。
2. 原材料进场后,应按规定、按批次进行见证、取样、检验,并经检验合格后方可投入。
3. 自建拌和站计量系统标定及时、准确;料仓分仓合理,有遮雨等措施;拌和站正式投产前,要进行验收。
4. 拌和、运输、浇筑设备满足施工生产需求,浇筑前,进行试运转。
5. 中埋式橡胶止水带呈盆状埋设,埋设位置准确,其中间空心圆环应与施工缝重合。
6. 止水带粘接前做好接头表面的清刷与打毛,接头采用热硫化连接。
7. 模板、钢筋、预埋件等报检合格后,方可进入混凝土开盘工序,浇筑过程各责任人旁站值班。
8. 测定混凝土各项性能指标,并制作标准养护及同条件养护试块等。
9. 终凝后进行养护作业,顶板、底板覆盖蓄水养护,侧墙喷淋养护。冬季施工,覆盖保温、保湿养护,养护时间不得低于14d。
10. 管段浇筑属大体积混凝土连续施工,应避免雨季施工。
11. 具体详见第1章第1.5节混凝土施工。

6.1.7 钢结构工程

管内压载水箱立柱安装

管段端头上部牛腿安装

端头钢封门面板拼装

钢封门面板一级焊缝焊接

用于沉放对接的鼻托梁安装

钢端封门一级焊缝检测

端头钢封门钢面板防腐处理

钢端封门联络通道—水密门

管段端头钢结构安装后示意

质量控制要点

1. 对现场施工人员进行技术交底,特种专业人员要持证上岗。

2. 严格按照下料单进行下料,避免过多边角料,下料结构尺寸符合规范、设计要求。

3. 对于部分钢结构,应进行试拼装,合格后,方可批量生产。

4. 严格按照施工方案进行吊装、安装等,必要时需临时固定,保证各构件连接、焊接质量。

5. 部分钢结构成品定制,进场后做好成品保护。

6. 测量人员要熟悉掌握技术交底数据,如尺寸、间距、相对位置关系等。

7. 按照设计要求的焊缝等级要求,进行焊缝检测,检测方式满足规范要求。

8. 对于精度要求比较高的钢构件,安装偏差必须满足设计、规范要求。

9. 防腐处理前要对钢结构清理毛刺、铁锈、油污及其附着物,涂刷防腐层。

6.1.8 管段接头防水

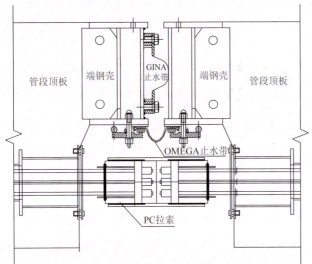

管段接头双层防水断面图

管段接头 GINA 止水带整体吊装

GINA 止水带固定,压条安装

GINA 止水带保护罩安装

质量控制要点

1. GINA 止水带应具有与工程水位、气候条件和管段沉放对接相适应的硬度、压缩曲线等性能。

2. GINA 止水带进场后,应对止水带的长度、转角角度、外观尺寸及缺陷进行检查,并按照厂家要求,进行储藏、运输。

3. 安装前,对钢端壳面板、翼板打磨、防腐。

4. 止水带的安装螺栓及扣件安装前均需进行热浸镀锌处理。

5. 严格安装按照施工方案进行吊装、安装、保护。

6. 管段浮运前,安装 GINA 止水带保护装置。

6.1.9 管段外包防水

混凝土基面清理

接缝处涂刷一道环氧树脂

结构面涂刷一道水泥基结晶渗透防水涂料

混凝土结构交接缝处加筋布补强

防水采用"一布四涂"喷涂聚合物防水涂料

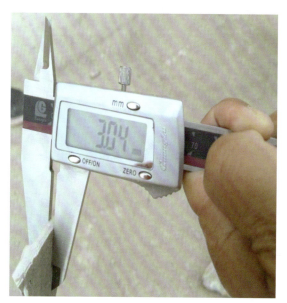

防水涂层切片检测厚度

6.2 管段坞内蓄水起浮

6.2.1 一次舾装件安装

用于沉放安装用吊点

管顶短人孔用于出入管内

双系缆柱安装

沉管预制成型效果图

质量控制要点

1. 同 6.1.7 钢结构安装。
2. 舾装件安装精度、紧固力、千斤顶等出厂质量证明文件符合要求。

6.2.2 管段试浮检漏

钢封门水密性试验

坞内注水检漏注水至1.4m

检漏Ω止水钢板

注水至4m,检漏水平施工缝

压载水箱注水至2m,以保证足够压载

注水至7.75m,检漏Ω止水钢板

| 注水至管顶2m，全面检漏管段 | 管段顺利起浮 | 管顶防锚层施工 |

质量控制要点

1. 对主体结构混凝土、钢端封门、压载管路进行水密性试验，水泵试运行记录、压载水箱等部位进行水密性检测记录，检验结果应符合设计要求。

2. 对管节底板、侧墙、顶板检漏分阶段进行，最终水位应高于顶板200cm。

3. 分阶段检漏过程如发现管内渗漏情况，应立即进行渗漏处理。

4. 起浮前，均匀、对称的排出管段内各压载水箱内水，率先排放止水带端头部位水箱水，提前起浮，以保护GINA止水带。

5. 在水位上涨至12.5m必须起浮，防止出现涨水超过短人孔风险。

6. 沉管起浮后，在稳定状态下，测量管段四个角点的干舷值，干舷确定原则为满足后期运营抗浮系数前提下，最高干舷。

7. 根据先期测得管段干舷值，制定管顶防锚层浇筑方案。

8. 防锚层的浇筑应遵循先调平、后均匀浇筑的原则，严禁无次序、超量浇筑混凝土。避免污染、堵塞导缆孔、灌砂管出口及其他舾装件底脚螺栓、螺母。

6.3 航道疏浚及基槽开挖

抓斗船航道开挖

中型绞吸船航道清淤

炸礁船航道钻爆炸礁

链斗船航道开挖

长臂挖机航道清淤

炸礁船基槽炸礁

炸礁船基槽炸礁

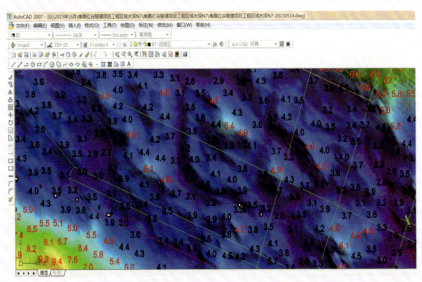
多波速扫测生成的水下地形图

质量控制要点

1. 浮运航道及基槽边坡、标高应符合设计要求。

2. 航道底标高控制标准为：不得有浅点，无塌方，开挖断面宽度不小于设计要求。

3. 多波束硬扫确认航道、基槽是否存在浅点，采用潜水员探摸确认基槽浅点。

4. 采用多种船机疏浚、开挖与炸礁，提高作业工效。

5. 基槽土层采用抓斗船开挖，岩层采用水上钻爆船分层炸礁。

6. 基槽及航道炸礁时，需社会告知及临时封航，并对周边邻近建筑物进行爆速监测。

6.4 管段浮运

管节绞拖出坞

拖轮编队

管节浮运过程

小净跨南昌大桥桥跨加防撞装置

管节浮运穿越南昌大桥

管节回旋区挂揽系泊

质量控制要点

1. 管节出坞浮运水位、风速、能见度及流速控制,水文、气象等均需满足设计要求。
2. 水文、天气、径流等至少提前一个星期进行预测,以便需求浮运窗口。
3. 管节浮运拖航设备、人员资质需报审。
4. 浮运前测量控制点、测量仪器、沉放控制点等联测、报审。
5. 浮运前,取得海事部门相关许可证及航道水上警戒措施。
6. 浮运前,完成大件拖带、封航警戒、交通管制、应急演练、桥墩保护验收等相关工作内容。
7. 绞拖出坞、临时系泊等用重力式锚块拉力试验需满足设计要求。
8. 各类拖缆、锚缆、绞车、发电机等需满足绞拖出坞、浮运要求。

6.5 管节沉放对接

支撑垫块及千斤顶安装

管节调头

进入隧址管顶二次舾装件安装

管节沉放

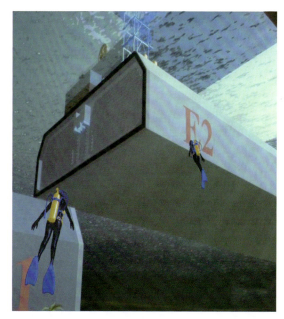
管段下沉

管段前端挂鼻托

管尾落座千斤顶

管节水下初步拉合

抽排接头水,水力压接

潜水员水下探摸接头 GINA 止水带压缩情况

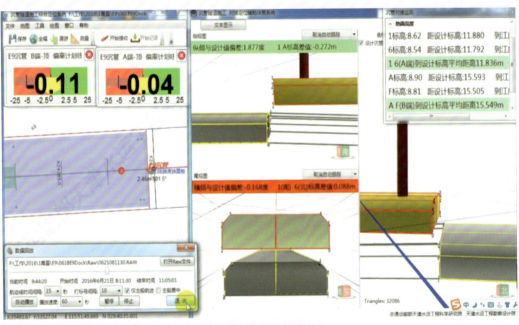
水下对接过程可视化监控

管段与东岸暗埋段对接

质量控制要点

1. 管节沉放前应对基槽回淤情况进行检查。
2. 管节沉放前基槽范围应对水密度进行检测。
3. 支撑垫块碎石基础平整度控制为 ±20mm，垫块预抬高值+50mm，整平精度 ±20mm，垫块基础贴合密实，四周无悬空。
4. 管节对接前应对管节 GINA 止水带、钢端壳、鼻托进行水下探摸，要求表面光滑、无偏位、无脱落、无破损、无异物及附着物。
5. 管节沉放时应匀速下沉，下沉速度不宜大于 0.5m/min。
6. 管节对接轴线和标高允许偏差控制为 ±35mm，预抬高+35mm。
7. 对接完成后对接头处形状进行水下探摸，必须保证 GINA 止水带完成最终止水，接触面无杂物，对接形状满足设计要求，GINA 止水带压缩量符合设计要求。
8. 采用 GPS-RTK 与全站仪结合的方式，将观测信号实时传送到位于测控中心的定位计算机得到当前时刻管节的对接参数，依据定位软件提供的相关数据完成管节沉放与对接的定位测量工作，由潜水员做最终检核。
9. 在纵坡调整前，管节内的压载水应均匀施加，相邻水箱内的水位差不得超过 10cm。
10. 沉放过程实时监测垂直千斤顶的顶力变化，调整推杆伸出长度，确保两个垂直千斤顶受力均匀，将管节纵坡准确调整至设计值。
11. 前一节管节沉放完毕后，进行管节的平面轴线、竖向标高偏差测量，并满足第 6 条的规定。
12. 可采用管节首部鼻托搭接时的左右错位及管节尾部摆尾方式进行位置纠偏。

6.6 基槽灌砂

灌砂船施工

基槽灌砂示意图（砂流法）

注浆封孔

| 数字地震仪 | 传感器 | 无损检测砂充盈度 |

质量控制要点

1. 所用材料规格和物理力学指标应符合设计要求。
2. 管节沉放前必须逐个打开灌砂管法兰盘,检查是否堵塞,发现堵塞及时疏通。
3. 同一管节的灌砂应连续作业,灌砂宜从管尾第三排先灌,后从首端依次向尾端推进,同一排孔应先中孔后边孔,管尾最后两排可在下一节管段对接后进行。
4. 灌砂过程应对千斤顶压力检测,灌砂配备比现场调整,最终对灌砂结果探摸。
5. 中孔的终孔监测评价:综合判断灌砂扩散半径、充盈程度,从而确定停泵时间。

中孔判定标准

扩散半径(m)	充盈率(%)	评价结果
7.5～8	≥85	合格
7.5～8	68～85	基本合格
≤7.5	<65	不合格

6. 边孔的终孔监测评价:边孔测线大部分在中孔扩散半径内,结合水下探摸共同判断,即灌砂孔溢砂是否与上一孔溢砂融合,判定边孔灌砂效果是否合格。
7. 根据测量的实际水深,计算出每一灌砂孔需要的灌砂量,当实际灌砂量达到该数值时,由潜水员下水探摸,看砂是否溢出,作为最终"砂盘形成"的依据。

6.7 管顶回填

抓斗船抛填

管顶砂回填

管顶片石回填

质量控制要点

1. 回填材料的规格、物理力学指标必须符合设计要求。

2. 应根据回填料和回填部位的不同,采用合适的施工工艺,按照先低后高、分层、对称的原则施工。

3. 管尾8~10m范围应在下一节管节对接完成后一起进行锁定回填。

4. 对称回填高度不应大于500mm,一般回填顶面标高控制为±30cm。

6.8 管内施工

接头钢封门拆除

管内压仓混凝土置换

侧墙水沟施工完成

管段接头 PC 拉索安装

OMEGA 止水带接头处热熔焊接

管段接头水平剪切键施工

管段接头 PC 拉索安装效果图

沉管管内效果图

质量控制要点

1. OMEGA 止水带安装结束后,需进行注水加压检漏,保证在 30m 高水头压力作用下 12h 内压力无变化。

2. 试压过程,由专人观察压力表的额定压力及操作潜水泵的开关和出气孔,一旦出气孔有水流出,则马上用堵头把气孔封好。

3. 当压力表指针快达到设计压力时,压力将会上升很快,此时应把截止阀开关拧小,待压力表指针一达到设计压力时,应马上关紧截止阀开关。稳压直到压力表数值没有变化即可,反之,则应找出泄漏原因处理后,重新试漏。

4. 试漏完毕后,采用与法兰盘相对应规格的法兰盘进行封孔。

5. 压仓混凝土施工须控制水箱单次置换数量。

第 7 章
路基及高边坡防护

7.1 路基

7.1.1 路基填料

石方路基

土方路基

土石路基

质量控制要点

1. 填料种类、质量应符合设计及规范要求。
2. 填筑前对取土场填料进行取样检验，当填料土质发生变化或更换取土场时应重新进行检验。
3. 细粒土：每 5000 m³ 检测液塑限、击实，粗粒土、碎石土：每 10000m³ 检测颗粒级配、颗粒密度。
4. 填料最大粒径不得大于 100mm。
5. 泥炭、淤泥、有机质土、生活垃圾等不得用作路基填料。
6. 不同类别的填料应分别填筑，不得混填，每一摊铺层填料中的粗细料应摊铺均匀。
7. 不同填料在正式填筑前均应进行现场填筑工艺试验，取得的试验参数及成果应报监理单位确认。

7.1.2 路基填筑

坡面填筑开挖台阶

打方格控制松铺厚度

方格网法卸料

设置标线控制松铺厚度

分层填筑标准

分区填筑、流水作业

7.1.3 路基压实

推土机粗平

平地机精平

压路机压实

压实轮迹重叠

质量控制要点

1. 根据填料种类进行现场填筑工艺试验，确定机械设备组合、碾压行走速度、碾压方式、碾压遍数、填料含水率控制范围、松铺厚度等。

2. 填筑时应横断面全宽、纵向分层填筑压实，路堤横断面宽度每侧宜超填 50cm，每层填筑采用同一种填料，松铺厚度符合工艺试验要求。

3. 分段填筑时，纵向接头在已填筑路堤处开挖硬质台阶，宽 2m，高度同填筑层厚度，上下两层接头错开 3m；坡面填筑时，按照设计要求开挖横向或纵向台阶，宽 2m，向内坡度 2%。

4. 当原地面高低不平时，应先从最低处分层填筑。

5. 碾压时填料的含水率应控制在试验段所确定的施工允许含水率的范围内。

7.1.4 路基施工排水

填筑表面设路拱有利排水

土质路堤设置挡水埂

土方路堤设置坡面临时排水槽

路基边坡修整

质量控制要点

1. 每层压实完毕,压实面严禁积水。每次作业收工前应将铺填的松土层摊铺压实完毕,且填筑的每一压实层面均做成向路基两侧 2%~4% 的横向排水坡。严禁雨天进行非渗水土的填筑。

2. 路基压实度符合设计要求,路堤边坡坡面完整,不得受水冲蚀。

7.1.5 路基检测

（1）灌砂法

灌砂法试验

灌砂法压实度检测报告

（2）K30检测

K30检测

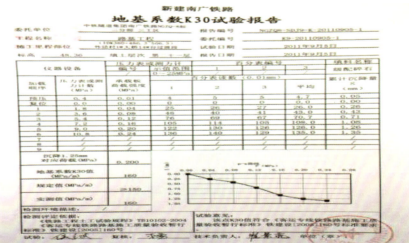

K30检测报告

（3）EVD 检测

E_{VD} 检测

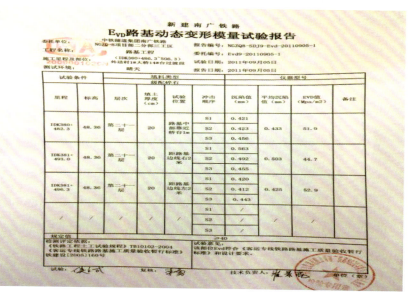

E_{VD} 检测报告

（4）弯沉试验

路基弯沉试验

质量控制要点

1. 路基压实度指标须分层检测，路基其他检查项目均在路基完成后对上路床顶面进行检查测定。

2. 路基每层（30cm）压实做灌砂（测压实系数），每90cm做K30（测地基系数）。

7.1.6 路基过渡段填筑

填筑厚度分层标识

分区卸料及摊铺

松铺厚底检测

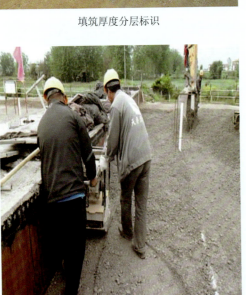

台背回填碾压

级配碎石掺水泥养护

质量控制要点

1. 填料类型、质量满足设计要求，多采用A组填料、级配碎石、掺水泥级配碎石。

2. 大型压路机碾压不到的部位或距离结构物2m范围内采用小型振动压实设备夯实。

3. 填筑厚度控制：重型压路机碾压不超过30cm，小型振动压实设备碾压不超过15cm。

4. 掺水泥级配碎石应在4h内使用完毕，压实度满足设计要求。

5. 涵洞、桥台两侧应采取对称填筑压实，两边高差不得超过30cm，以防涵洞移位。

7.1.7 路基软基处理

(1)预应力管桩加固

测量放样

桩节进场验收及存放

锤击沉桩

静力压桩

质量控制要点

1. 管桩的外观质量和尺寸偏差抽查数量不得少于 2% 的桩节数且不得少于两节。当抽检结果出现一根桩节不符合质量要求时,应加倍检查,若再发现有不合格的管桩,该批管桩不准使用并必须撤离现场。

2. 查验管桩混凝土强度龄期,当采用压蒸养护工艺时,混凝土强度等级的龄期为出釜后 1d;采用其他养护工艺时,混凝土强度等级的龄期为 28d。

3. 不同批号的管桩应分开堆放,严禁混堆;堆放时尽量单层堆放,受场地制约时可叠层堆放,堆放高度不得超过 3 层。

4. 可根据不同环境要求、现有设备、施工进度要求等因素,选择静力压桩或锤击沉桩。

超声波桩节焊接质量

小应变检测

成桩加固效果

垂直度测量

质量控制要点

1. 压桩结束后,需要对桩基进行检测。检测的项目主要有桩身的质量检测、桩身完整性及单桩竖向抗压极限承载力检测。

2. 桩身质量检测主要通过现场低应变反射波法进行,检测桩数不小于总桩数的20%,且不小于10根,检测频率应符合设计要求。

3. 桩身完整性采用高应变检测,检测桩数不小于总桩数的2%,且不小于5根,检测频率应符合设计要求。

4. 单桩竖向抗压承载力采用静载试验检测,检测桩数不小于总桩数的2‰,检测频率应符合设计要求。

（2）CFG 桩加固

施工放样

CFG 桩施工钻进

CFG 桩桩头处理

CFG 桩加固效果

CFG 桩单桩静载试验

质量控制要点

1. 为检验 CFG 桩施工工艺、机械性能及质量控制，在桩基施工前，应先做不少于 2 根试验桩。

2. CFG 桩施工属隐蔽工程，施工完毕报监理签认后方可进行下一道工序施工。

3. 桩体强度检测：每台班留取试块标养测试抗压强度。

4. 桩身完整性检测：总桩数的 10% 进行小应变检测。

5. 单桩承载力：总桩数的 2‰，且每检测批不少于 3 根。

(3)其他软基处理

软基换填处理

水泥搅拌桩加固处理

混凝土灌注桩筏板基础

混凝土预应力管桩筏板基础

7.2 高边坡防护

7.2.1 边坡刷坡

分台阶刷坡,随挖随支

边坡开挖顺直、坡面平整

开挖一级、防护一级

石质边坡爆破成型

质量控制要点

1. 边坡坡率不应陡于设计值,变坡里程及台阶设置符合设计要求。
2. 边坡坡面平整、稳定,无隐患,局部凹凸差不大于15cm。
3. 开挖前,堑顶截排水沟修建完毕,排水通畅。
4. 开挖自上而下纵向,水平分层进行,边开挖边整形,严禁掏底,支挡紧跟开挖。

7.2.2 挡土墙施工

排水孔布置间距、数量符合要求

反滤层底部夯填黏土

排水孔安装规范

支挡结构排水通畅

质量控制要点

1. 泄水孔孔径符合设计要求,孔位按上下左右间隔 2～3m,交错布置,墙背易积水处及反滤层最低处必须设置。

2. 最低一排泄水孔应设置于反滤层底部,向外排水坡度不小于 4%。

3. 泄水孔进口不得堵塞,需用透水土工布包裹,确保排水通畅。

4. 反滤层、黏土隔水层材料符合设计要求。

5. 重力式挡墙基础开挖后,应进行基底承载力验收。

7.2.3 锚索施工

钻孔

锚索成品

锚索安装、入孔

锚索安装完成

注浆

锚索张拉

封锚处理

已成型的锚索框架梁

已完成的锚索

质量控制要点

1. 锚索、锚具、夹片、垫板的品种、规格、质量符合设计要求。
2. 过程中记录地层变化，核实地层分界面、滑动面标高、锚索设计标高、置于稳定岩层中锚固段长度符合设计要求。
3. 锚固段应清污、除锈，自由段涂防腐剂、外套塑料管，张拉断涂防腐剂。
4. 锚索顺直安放与钻孔中心，保证锚固段长度。
5. 灌浆采用孔底注浆法，一次注满锚固段和自由段，以浆排水，注浆饱满密实，初凝前二次注浆。
6. 垫墩顶面平整、坚固，垂直于钻孔轴线，墩孔轴线与钻孔轴线相重合，墩旁预留补浆孔和排气孔。
7. 张拉设备、仪器配套标定、配套使用，故障后须重新标定。
8. 锚固段砂浆强度达到设计强度的 70% 时方可张拉锚索，锚具、夹片、垫板安装正确，锚具底座顶面与锚孔轴线垂直。
9. 张拉时间做好记录，分两次逐级张拉，一次张拉为总张力的 70%，3~5d 后二次张拉，总张力达到设计要求。
10. 钢绞线实际伸长值与理论伸长值之差不大于 ±6%，滑（断）丝总数不超过 5%，且一束内不大于 1 根。
11. 钢绞线割除应采用切割机切割。
12. 张拉段注浆时，浆锚垫板、锚头各部分空隙灌浆注满，在补偿张拉完成后进行。

7.2.4 锚杆施工

锚杆成品预制就位

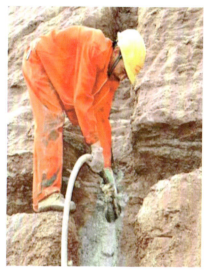

锚杆孔注浆

锚杆孔注浆完成

锚杆拉拔试验

质量控制要点

1. 锚杆类型、规格、数量、性能与基槽尺寸符合设计要求,灌注砂浆严格按设计配合比拌制。

2. 钻孔采用干钻,孔径、孔位、孔深、倾角符合设计要求,孔径不小于设计值,孔深大于设计值 0.5m。

3. 过程中记录地层变化、钻进状态、地下水等情况,成孔后采用高压风清除孔内粉尘、石渣。

4. 锚杆应安装与钻孔中心;灌浆采用孔底注浆法,确保注浆饱满密实,初凝前二次注浆。

5. 框架梁须在锚杆孔内砂浆强度达到设计强度的 70% 以上方可施工。

6. 框架梁混凝土须整体浇筑,截水缘的镶边与主体一体浇筑;锚孔周边钢筋密集处混凝土必须仔细振捣,保证捣固质量。

7. 沉降缝(伸缩缝)的设置位置、宽度、缝的塞封符合设计要求。

7.2.5 框架梁

格梁基槽开挖平直

基槽尺寸检查

格梁钢筋安装

格梁混凝土浇筑

格梁模板安装与加固

混凝土振捣

7.2.6 边坡成型与绿化

框架梁棱角分明,线形平直

高边坡防护

边坡及时绿化

成型及绿化

质量控制要点

1. 框架梁嵌入坡面并与坡面顺接。
2. 植物应选择适合当地生长条件、根系发达、枝叶茂盛,可迅速生长的低矮灌木,并避免在暴雨、高温、大风条件下施工。
3. 种植前,边坡坡面清理整平,无妨碍植物生长的杂物、危石。
4. 绿化覆盖率和成活率符合设计要求。